Joseph Cardinal Ratzinger

Unterwegs zu
JESUS
CHRISTUS

SANKT
ULRICH
VERLAG
GmbH

Bibliographische Information Der Deutschen Bibliothek

Die Deutsche Bibliothek verzeichnet diese Publikation in der
Deutschen Nationalbibliographie; detaillierte bibliographische Daten
sind im Internet über http://dnb.ddb.de abrufbar.

2. unveränderte Auflage 2004

© 2003 by Sankt Ulrich Verlag GmbH, Augsburg
Alle Rechte vorbehalten
Umschlaggestaltung: UV Werbung, Mediengruppe Sankt Ulrich Verlag, Augsburg
Titelbild: © Photo SCALA, Florenz
Druck und Bindung: Ludwig Auer GmbH, Donauwörth
Printed in Germany
ISBN 3-936484-21-X
www.sankt-ulrich-verlag.de

Inhalt

5

Vorwort

Mitten in der Krise, von der das Christentum in großen Teilen der Welt befallen ist, bleibt die Gestalt Jesu von Nazareth erstaunlich gegenwärtig. Auch außerhalb des Christentums geht er auf die Menschen zu: Der Islam bekennt ihn als Propheten; in Indien haben viele Menschen das Bild Jesu in ihr Haus aufgenommen. Der Christus der Bergpredigt, der Gandhi so tief angerührt hatte, ist für viele Nichtchristen dort ein Bote der Güte Gottes geworden, in dem das Licht des Ewigen in die Welt hereinleuchtet. Die von den synoptischen Evangelien erzählte Geschichte von der leidenden Frau, die von hinten die Gewänder Jesu anrührte und so geheilt wurde, ereignet sich gewiß auch heute immer wieder auf mancherlei Weise.

Aber gleichzeitig mit der vielfältigen Gegenwart der Gestalt Jesu gibt es gerade in der Christenheit einen beunruhigenden Bedeutungsverlust der Christologie. Es hatte damit begonnen, daß man hinter dem Goldgrund des Dogmas den Menschen Jesus wieder entdecken, zur Einfachheit der Evangelien zurückkehren wollte; da hatte sich freilich schnell gezeigt, daß die Gestalt Jesu in den Evangelien sich nicht auf einen sanften Menschenfreund zurückführen läßt – daß gerade auch der Jesus der Evangelien den Rahmen des bloß Menschlichen sprengt und vor Fragen und Entscheidungen stellt, die den Menschen in seiner letzten Tiefe anfordern. Nun, so mußte man eben anfangen, auch in den Evangelien selbst zu scheiden, um nur noch Trost zu finden und keiner Beunruhigung des eigenen Weltbildes mehr ausgesetzt zu sein. Heute hat sich in breiten Kreisen, auch unter Gläubigen, das Bild eines Jesus durchgesetzt, der nichts fordert, nie tadelt, der alle und alles annimmt, der uns in allem nur noch bestätigt: der perfekte Gegensatz zur Kirche, soweit sie noch zu fordern und zu ordnen wagt. F. Schulz hat etwas Ähnliches kürzlich in einer Analyse der neuen Gebete der evangelischen Gottesdienstpraxis gefunden. Ihm ist dort eine doppelte Entchristologisierung begegnet: „Zunächst das Zurücktreten, ja Verschwinden der Benennung der Person Christi ... sodann eine Akzentverschiebung, die darin besteht, daß Christus nicht mehr mit Hoheitsprädikaten angeredet wird, sondern daß seine Solidarität mit den Menschen betont wird".[1] Die Präsenz der Jesusgestalt selbst nimmt ab – auch mit Rücksicht auf die nichtchristlichen Zeitgenossen, die uns umgeben; die Gestalt wird umgeformt aus dem „Herrn" (ein Wort, das gemieden wird) zu einem Menschen, der nichts als Anwalt aller Menschen ist. Der Jesus der Evangelien ist ganz anders, fordernd, kühn. Der Jesus, der allen alles recht macht, ist ein Gespenst, ein Traum, keine wirkliche Gestalt. Der Jesus der Evangelien ist gewiß nicht bequem für uns. Aber gerade so antwortet er auf die tiefste Frage unserer Existenz, die – ob wir es wollen oder nicht – nach Gott Ausschau hält, nach einer Stillung über alle Grenzen hinaus, nach dem Unendlichen. Zu diesem wirklichen Jesus müssen wir uns wieder auf den Weg machen.

Das kleine Buch, das ich hier vorlege, ist aus solchen Antrieben entstanden. Seine aus verschiedenen äußeren Anlässen gewachsenen Beiträge haben dies gemeinsam, daß sie alle Versuche des Zugehens auf Jesus, Suche nach seiner authentischen, unverkürzten Gestalt sein wollen. Der Beitrag „Universalität und Katholizität" wei-

---

1 F. Schulz, Entchristologisierung der gottesdienstlichen Gebete? Beobachtungen an neuen evangelischen Gottesdienstbüchern, in: LJ 50 (2000) 195–204.

tet die Christusfrage auf die Kirche hin aus, ohne die es keine wirkende Gegenwart Christi in der Welt gibt. Der Abschnitt über den Katechismus der Katholischen Kirche, der das Buch beschließt, fällt nur scheinbar aus dem Rahmen. Die Krise des Christusglaubens hat in der Neuzeit mit einer veränderten Art begonnen, die Heilige Schrift zu lesen – der scheinbar allein wissenschaftlichen. Die Frage, wie die Bibel zu lesen ist, ist mit der Christusfrage untrennbar verbunden. Bei der Thematik von Sakrament und Gottesdienst geht es um die Gegenwart Jesu unter uns – um den Christus nicht nur gestern, sondern heute. Die Problematik der Moraltheologie zeigt die Frage der „Orthopraxie" an: Wie wird Glaube Leben? Ich hoffe, daß das kleine Buch mit all seinen Unvollkommenheiten doch eine Hilfe auf dem Weg zu Jesus werden kann.

Rom, am Fest des hl. Bonaventura 2003

Joseph Cardinal Ratzinger

Auf dem Weg zu Jesus

„Wer mich gesehen hat, hat den Vater gesehen" (Joh 14,9).
Das Antlitz Christi in der Heiligen Schrift

Das Sehen Jesu im Johannesevangelium

Die Abschiedsreden Jesu, wie sie uns das Johannes-evangelium darstellt, bewegen sich in einer eigentüm-lichen Schwebe zwischen Zeit und Ewigkeit, zwischen der Gegenwart der Passion und der schon hereinbre-chenden neuen Gegenwart Jesu, weil ja die Passion selbst zugleich schon „Erhöhung" ist. Einerseits lastet das Dunkel des Verrats, der Verleugnung, der Auslieferung Jesu in die letzte Schmach des Kreuzes über diesen Re-den, andererseits aber scheint in ihnen dies alles schon überwunden und aufgehoben in die kommende Herr-lichkeit hinein. So beschreibt Jesus die Passion als ein Fortgehen, das zu einem neuen und erfüllteren Kom-men führt, als ein Unterwegssein, um das die Jünger schon wissen.[1] Darauf die überraschte Frage des Tho-mas: „Herr, wir wissen nicht, wohin du gehst. Wie soll-ten wir da den Weg kennen?" Jesus antwortet mit einem Satz, der zu einem zentralen Text der Christologie ge-worden ist: „Ich bin der Weg und die Wahrheit und das Leben. Niemand kommt zum Vater außer durch mich." Diese Offenbarung des Herrn ruft aber nun eine neue Frage – besser gesagt: eine Bitte – hervor, die diesmal Philippus vorträgt: „Herr, zeige uns den Vater und es ge-nügt uns." Wieder antwortet Jesus mit einem Offenba-rungswort, das von einer anderen Seite her in die letzte

---

1   Sehr schön hat R. Guardini diese Bedeutung der Abschiedsreden beschrieben in: Der Herr. Betrachtungen über die Person und das Leben Jesu Christi (Mainz–Paderborn 1997¹⁰) 513–525.

Tiefe seines Selbstbewußtseins, in die letzte Tiefe des Christusglaubens der Kirche hineinführt: „Wer mich gesehen hat, hat den Vater gesehen" (Joh 14,2–9). Die urmenschliche Sehnsucht, Gott zu sehen, hatte im Alten Testament die Form des „Suchens nach Gottes Angesicht" angenommen. Die Jünger Jesu sind Menschen, die Gottes Gesicht suchen. Deswegen sind sie zu Jesus gestoßen und ihm nachgefolgt. Nun trägt Philippus diese Sehnsucht vor den Herrn hin und erhält eine überraschende Antwort, in der die Neuheit des Neuen Testaments, das durch Christus kommende Neue wie in einem Kristall zusammengefaßt scheint: Ja, man kann Gott sehen. Wer Christus sieht, sieht ihn.

Diese Antwort, die Christentum als Religion der Erfüllung, als Religion der göttlichen Gegenwart charakterisiert, ruft aber sofort eine neue Frage hervor. Was „Schon und noch nicht" als Grundverfassung der christlichen Existenz bedeutet, wird gerade an dieser Stelle sichtbar. Denn die nächste Frage lautet nun, jedenfalls für das ganze nachapostolische Christentum: Wie aber kann man Christus sehen und so sehen, daß man dabei zugleich den Vater sieht? Diese bleibende Frage ist im Johannes-Evangelium nicht in den Gesprächen im Abendmahlssaal, sondern am Palmsonntag angesiedelt. Da wird berichtet, daß Griechen, die nach Jerusalem zur Anbetung gepilgert waren, zu Philippus kamen – also zu dem Jünger, der im Abendmahlssaal die Bitte nach dem Sehen des Vaters vortragen wird. Diese Griechen legen dem Philippus aus Bethsaida in Galiläa, also aus einem stark hellenisierten Teil des Heiligen Landes, ihre Bitte vor: „Herr, wir möchten Jesus sehen" (Joh 12,20f.). Es ist die Bitte der Heidenwelt, die Bitte aber auch der Christusgläubigen aller Zeiten, unsere Bitte: Wir möchten Jesus sehen. Wie kann das geschehen? Die Antwort

Jesu auf diese von Philippus zusammen mit Andreas an den Herrn weitergegebene Bitte ist geheimnisvoll, wie meist die Antworten Jesu im vierten Evangelium auf die großen Fragen der Menschheit, die an ihn herantreten. Es wird nicht berichtet, ob es zu einer Begegnung zwischen Jesus und jenen Griechen kam. Die Antwort Jesu reißt vielmehr einen an dieser Stelle ganz unerwarteten Horizont auf. Jesus sieht zwar in dieser Bitte das Gekommensein seiner Verherrlichung angezeigt. Aber wie diese Verherrlichung näherhin vor sich geht, deutet er in den Worten an: „Wenn das Weizenkorn nicht in die Erde fällt und stirbt, bleibt es allein. Wenn es aber stirbt, bringt es vielfältige Frucht" (12,24). Die Verherrlichung geschieht in der Passion. Aus ihr kommt die vielfältige Frucht – das heißt, so dürfen wir ergänzen: die Kirche der Heiden, die Begegnung zwischen Christus und den Griechen, die für die Weltvölker überhaupt stehen. Die Antwort Jesu überschreitet den Augenblick und reicht weit ins Künftige hinein: Ja, die Griechen werden mich sehen und nicht nur diese, die jetzt zu Philippus gekommen sind, sondern die Welt der Griechen überhaupt. Sie werden mich sehen, ja, aber nicht in meiner irdischen, historischen Existenz, „dem Fleische nach" (vgl. 2 Kor 5,16); sie werden mich sehen durch die Passion hindurch. Durch sie hindurch komme ich und komme nun nicht mehr bloß an einen einzelnen geographischen Ort, sondern komme über alle geographischen Grenzen hinweg in die Weite der Welt, die den Vater sehen will. Jesus kündet sein Kommen von der Auferstehung her, sein Kommen in der Kraft des Heiligen Geistes an und so ein neues Sehen, das sich im Glauben ereignet. Dabei ist die Passion nicht als etwas Vergangenes zurückgelassen. Sie ist vielmehr der Ort, von dem her und an dem allein er gesehen werden kann. Jesus weitet das Gleichnis vom sterbenden und nur im Sterben fruchtbaren Weizenkorn in eine Grundform der rechten menschlichen Existenz, der Existenz des Glaubens aus: „Wer sein Leben liebt, der wird es verlieren. Und wer sein Leben in dieser Welt gering schätzt, der bewahrt es auf das ewige Leben hin. Wenn einer mir dienen will, folge er mir nach. Wo ich bin, da wird auch mein Diener sein" (12,25f.). Das Sehen geschieht im Nachfolgen. Das Nachfolgen ist ein Leben an dem Ort, wo Jesus steht, und dieser Ort ist die Passion. In ihr, nirgendwo anders, ist seine Herrlichkeit Gegenwart.

Was zeigt sich da? Der Begriff des Sehens hat eine unerwartete Dynamik erlangt. Sehen geschieht durch eine Weise der Existenz, die wir Nachfolge nennen. Sehen geschieht im Eintreten in die Passion Jesu. Dort sieht man dann in ihm auch den Vater. Von da aus gewinnt das am Ende der Passionsgeschichte von Johannes zitierte Prophetenwort seine ganze Größe: „Sie werden schauen auf den, den sie durchbohrt haben" (Joh 19,37; vgl. Zach 12,10).[2] Das Sehen Jesu, in dem man zugleich den Vater sieht, ist ein Akt der ganzen Existenz. Vom Sprachlichen her müssen wir hinzufügen, daß der Begriff des „Angesichts Christi" in diesen johanneischen Texten nicht vorkommt. Aber sie stehen in einem inneren Zusammenhang mit einer zentralen Linie des Alten Testaments, dessen wesentliche Frömmigkeitshaltung in einer Reihe von Texten als „Suchen nach Gottes Angesicht" umschrieben wird. Trotz der terminologischen Differenz gibt es eine tiefe Kontinuität zwischen dem johanneischen Schauen auf Christus und dem alttestamentlichen Unterwegssein zum Schauen von Gottes Angesicht. Bei Paulus findet sich im zweiten Korintherbrief

---

2 Zur Auslegung von Joh 19,37 vgl. J. Schnackenburg, Das Johannesevangelium III (Freiburg 1975) 343–345.

auch die sprachliche Verbindung, wenn von der Herrlichkeit Gottes die Rede ist, die auf dem Antlitz Christi erscheint (2 Kor 4,6). Darauf werden wir später zurückkommen müssen. Johannes wie Paulus verweisen uns auf das Alte Testament: Die neutestamentlichen Texte vom Schauen Gottes in Christus wurzeln tief in der Frömmigkeit Israels und reichen durch sie hindurch in die Weite der Religionsgeschichte hinein, oder vielleicht besser: Sie ziehen das dunkle Sehnen der Religionsgeschichte hinauf zu Christus und führen es dadurch der Antwort entgegen. Wenn wir die neutestamentliche Theologie des Antlitzes Christi verstehen wollen, müssen wir zurückschauen ins Alte Testament. Erst so wird ihre ganze Tiefe verständlich.

Das Suchen nach Gottes Gesicht im Alten Testament

Das Wort *pānîm* – Antlitz – erscheint im Alten Testament ungefähr vierhundert Mal; etwa die Hälfte der Texte bezieht sich auf menschliche Wesen oder geheimnisvolle Zwischenwesen wie Cherubim und Seraphim. Über ein Viertel der Texte, also ungefähr hundert Belege, beziehen sich auf Gott selbst.[3] Die Ausbreitung des Wortes über die ganze alttestamentliche Literatur hin läßt schon etwas von der Bedeutung des Gedankens erkennen, dem es dient. Wir werden gleich anschließend einige der charakteristischen Ausdrücke etwas näher zu beleuchten haben: suchen nach Gottes Angesicht, das Leuchten von Gottes Gesicht usw. Wie soll man diese Sehnsucht nach dem Schauen verstehen in einer Religion, die durch das Bilderverbot das Schauen aus dem

---

3 Vgl. H. Simian-Yofre, pānîm, in: H. J. Fabry/H. Ringgren (Hg.), Theologisches Wörterbuch zum Alten Testament V (Stuttgart 1989) 629–659; hierzu 633 f.

Kult, aus der Frömmigkeit überhaupt auszuschließen scheint? Was meint eigentlich der Israelit, wenn er Gottes Angesicht sucht und weiß, daß es kein Bild von ihm geben kann? Man hat versucht, den ganzen Wortbereich mit seinen vielfältigen Wendungen auf heidnische Kultformen zurückzuführen, etwa das „Sehen des Angesichts" auf das Betrachten eines Bildes, das „Licht des Antlitzes" sollte auf Astral-Gottheiten verweisen und so fort. Diese Hypothesen bleiben unbeweisbar und haben auch in der Forschung insgesamt kaum Zustimmung gefunden.[4] Aber man kann wohl doch davon ausgehen, daß die Redeweise des Suchens nach Gottes Antlitz irgendwie vom Bilderkult herkommt. Gerade so wird die Größe des Schrittes sichtbar, den das Alte Testament vollzogen hat. Das Bild wird abgestreift, das Suchen nach dem Gesicht bleibt. Die gegenständliche Form, die Vergegenständlichung der Gottheit fällt dahin, aber Gott behält sein „Angesicht". Gerade als der nicht Abzubildende bleibt er doch der, der ein Gesicht hat, der sehen und gesehen werden kann. Die alte kultische Form, die Gott materialisiert und ins Partikuläre herabgezogen hatte, wird abgelöst. Aber eben so tritt ihre innerste Ausrichtung hervor: Dieser Gott hat ein Gesicht, er ist „Person". Simian-Yofre hat in seinem philologisch äußerst detaillierten Artikel *pānîm* diesen Sachverhalt so zusammengefaßt: „Wegen seiner Fähigkeit, Gefühle und Reaktionen auszudrücken, bezeichnet *pānîm* das Subjekt, insofern es sich anderen zuwendet ... Das heißt insofern es Subjekt von Beziehungen ist. *pānîm* ist ein Begriff, der Beziehungen beschreibt."[5] Wir können sagen, daß gerade mit dem Wort *pānîm* im Abstreifen des Bil-

---

4 Simian-Yofre, a.a.O. 648.

5 A.a.O. 650.

derkultes der Begriff der Person gebildet worden ist, und zwar als Beziehungsbegriff. Neben *pānîm* wäre hier als zweiter Zugang zu derselben Einsicht das Wort *šem* – Name zu nennen: Der alttestamentliche Gott offenbart seinen Namen, und so kann er angerufen werden. Auch Name ist ein Beziehungsbegriff: Wer einen Namen hat, kann selbst hören und anreden, er kann andererseits durch den Namen angerufen werden.[6] Die griechische Philosophie hat die Idee des Wesens gefunden, aber nicht Begriff und Wesen der Person erkannt. Die gibt es dort nicht. Es gibt nur das Individuum, das aber lediglich eine von vielen Ausprägungen des letztlich allein zählenden Wesens ist. Jenes Besondere, das wir mit dem Begriff Person umschreiben, ist dagegen auf dem Weg des biblischen Glaubens erkannt worden, als im Abstreifen des Bildes das Eigentliche hervortrat, jenes Wesen, das sehen und gesehen werden, hören, reden und angeredet werden kann. Es war daher durchaus folgerichtig, daß *pānîm* im Griechischen überwiegend mit *prosopon* (Gesicht) wiedergegeben worden ist – mit einem Wort, das in der griechischen Philosophie als fachlicher Terminus nicht existierte. Und es war richtig, daß *prosopon* im Lateinischen zu *persona* wurde, wo das Wort allmählich seine klare, auch philosophische Bedeutung erlangt hat. Und wiederum ist es kein Zufall, daß diese Ausarbeitung einer neuen Erkenntnis, das Ansichtigwerden des Geheimnisses der Person, gerade im Ringen um die Trinitätslehre möglich geworden ist.[7] Halten wir fest:

---

6 Breiter habe ich das dargestellt in meiner „Einführung in das Christentum" (Neuausgabe München 2000) 106–125; bes. 122–124.

7 Vgl. zur Gestaltwerdung des Personbegriffs M. Fuhrmann, Person, in: J. Ritter/K. Gründer, Historisches Wörterbuch der Philosophie VII (1989) 269–283. Der Beitrag der Bibel wird dort freilich praktisch nicht wahrgenommen.

Der hebräische Terminus *pānîm* erkennt Gott als Person, als ein uns zugewandtes Wesen an, das hört, sieht, redet, uns lieben und zürnen kann – als den Gott, der über allem ist und doch eben ein Angesicht hat. Darin ist der Mensch ihm ähnlich, sein Bild; vom Angesicht her kann er erkennen, wer und was und wie Gott ist. Auf dieses Angesicht ist er verwiesen, danach ist er im Innersten auf der Suche. Es scheint mir wichtig, daß beiden Begriffen, „Name" und „Angesicht" einerseits eine ganz tiefe geistige Einsicht zugrunde liegt, die nur im Abstreifen des äußeren Bildes, in der Bildlosigkeit möglich wurde, daß aber doch nicht einfach ein Begriff gebildet wird; die sinnliche Anschauung und der Gedanke des Gesichts bleibt wesentlich. Aber versuchen wir, wenigstens in ein paar Andeutungen etwas näher zu sehen, wie sich die Beziehung, die das Wort *pānîm* andeutet, konkret im Glauben und in der Frömmigkeit Israels darstellt.

Da ist zuerst die Grundhaltung des „Suchens nach Gottes Angesicht". „Von Herzen freue sich, wer nach dem Herrn sucht. Fragt nach dem Herrn und seiner Macht! Sucht allezeit nach seinem Angesicht", betet der Psalm 105,3f. Psalm 24 spricht die Bedingungen an, die erfüllt sein müssen, will man den heiligen Ort des Herrn betreten: die reinen Hände vor allem und das lautere Herz. All das wird dann zusammengefaßt in dem Wort: „Dies ist das Geschlecht derer, die ihn suchen, die dein Antlitz suchen, Gott Jakobs" (Ps 24,6). Beide Psalmen haben mit dem Zugang zum Heiligtum, mit dem Einzug der Heiligen Lade in den Tempel zu tun. Insofern ist ein kultischer Zusammenhang nicht zu leugnen: Dem Angesicht Gottes begegnet man im Tempel, man sucht ihn, indem man auf dem Weg dorthin ist. Dennoch geht die Bedeutung des Wortes weit über das bloß Kultische hinaus. In Hos 5,15 wird das noch deutlicher. Dort sagt Gott über Israel: „Ich gehe weg ... bis sie mich schuldbewußt suchen, bis sie in ihrer Not wieder Ausschau halten nach mir." Dieses Suchen und Ausschauen ist eine Haltung, die den ganzen Menschen umfaßt; nur wenn er mit seinem ganzen Wesen „gerecht", das heißt gottgemäß wird, ist er auf dem Weg zur Begegnung mit Gottes Gesicht. „Das Antlitz Jahwes suchen", sagt daher mit Recht Simian-Yofre, ist „ein Gebot von universaler und beständiger Geltung".[8] Dies wird sehr schön deutlich im Psalm 17. Er ist das Gebet eines Gerechten, der sich nicht von Gottes Wegen abbringen läßt, aber unter wuchtiger Bedrohung von Feinden steht. Am Schluß werden zwei Existenzweisen deutlich: Auf der einen Seite stehen die Menschen, die ganz dem Materiellen leben und sich daran ersättigen. Gänzlich ohne Neid sagt der leidende Gerechte zum Herrn: „Fülle ruhig aus deinen Vorräten ihren Bauch, ihre Kinder mögen sich sättigen und was übrigbleibt, den Nachkommen überlassen." Der Beter sieht sein Schicksal anders: „Ich aber werde in Gerechtigkeit dein Antlitz schauen, beim Erwachen mich sättigen an deinem Anblick." Dem Beter schwebt eine ganz andere Sättigung vor als die des Bauches. Er sättigt sich am Anblick seines Gottes. Er weiß, daß sein Suchen sich im Schauen erfüllen wird. Zweierlei ist an diesem Text wichtig. Zunächst: Was den Beter fähig macht, Gott zu sehen, ist die Gerechtigkeit. In diesem Wort ist die Grundhaltung des alttestamentlichen Frommen zusammengefaßt, es ist die alttestamentliche Entsprechung zu dem, was im Neuen Testament und in der Kirche „Glaube" heißen wird. Gerechtigkeit ist die Lebensform, die Maß nimmt am Wort Gottes, das Angesiedeltsein in diesem Wort und seiner Weisung. Wir könnten sagen: Gerechtigkeit bedeutet das gottgemäße Leben.

---

8   A.a.O. 640.

Der Psalm 17 berührt sich so mit dem, was wir vorhin von Psalm 24 gehört hatten: Das Suchen nach Gottes Angesicht ist eine Haltung, die das ganze Leben umfaßt; damit der Mensch Gottes Gesicht schließlich sehen kann, muß er als Ganzer selbst von Gott durchleuchtet sein. Als zweites ist zu beachten, daß der Beter sich dieses Schauen, das Sättigung aller Sehnsucht und das Glück schlechthin sein wird, für den Augenblick des „Erwachens" erwartet. Damit greift der Psalm deutlich über die geschichtliche Existenz des Menschen hinaus; er wartet auf ein Erwachen, mit dem erst das eigentliche Leben beginnt. Gerade dadurch unterscheidet er sich von seinen gottlosen Gegnern, die nur die augenblickliche Erfüllung, den Erfolg und die materielle Sättigung als Glück und damit als Ziel menschlicher Existenz kennen. Sie bleiben im Materiellen und so auch in der zeitlichen Begrenzung des irdischen Lebens. Wenn es so steht, kann „Gerechtigkeit" nicht der Maßstab sein; dann muß man eben zugreifen, wo sich Erfolg und Sättigung anbieten. Gerechtigkeit als gottförmiges Leben weist von selbst über das bloß Materielle und die bloße Zeitlichkeit irdischen Lebens hinaus. Insofern gehören das Maßnehmen an Gottes Recht und die eschatologische Orientierung von innen zusammen. Auch wenn die Idee des neuen Lebens hier nicht ausgeführt ist und wohl sich eben erst bildet, ist doch die eschatologische Ausrichtung der Existenz für denjenigen ganz deutlich, der mit seinem Leben Gottes Gesicht sucht und weiß, daß er es „im Erwachen" schauen wird. Die Suche nach Gottes Angesicht trägt den Überschritt über die Zeit, trägt die eschatologische Hoffnung wesentlich in sich.[9]

---

9   Zur Auslegungsgeschichte des Textes H. J. Kraus, Die Psalmen I (Neukirchen-Vluyn 1960) 134.

Allerdings gibt es auch einen Vorgriff auf das Kommende. Im Psalm 24 hatten wir den Zusammenhang des Suchens nach Gottes Gesicht mit dem Kult gesehen, aber auch festgestellt, daß diese Suche über den Kult hinausreicht. Im Psalm 17 fehlt das kultische Element, dagegen hat sonst in den meisten alttestamentlichen Texten der Ausdruck „Gottes Angesicht suchen" kultische Bedeutung, ja ist geradezu terminus technicus der kultischen Begegnung. Jeder der drei liturgischen Kalender (Ex 23,14–19; 34,18–26; Dtn 16,1–17) erwähnt zweimal den Ausdruck. Mit fast gleichlautender Formulierung wird dort die Verpflichtung der Männer festgelegt, dreimal im Jahr das Heiligtum zu besuchen („das Angesicht JHWHs zu schauen").

„Dt 31,11 sieht die Proklamation des Gesetzes alle sieben Jahre vor für das ganze Volk, das am Laubhüttenfest zum Heiligtum (von Jerusalem) gekommen ist, um ‚das Angesicht JHWHs zu schauen'".[10] Das kultische Geschehen wird zur Begegnung mit Gott, zu einer Art von Schauen, das sich aber im Licht des gesamten Textbefundes doch immer mehr als eine Art Antizipation erweist, die über sich hinausdeutet.

Dieser umfassende Horizont wird noch einmal sichtbar, wenn wir ganz kurz auf das Wort vom Licht des göttlichen Angesichts und vom Verbergen von Gottes Gesicht hinschauen. Licht und Leben sind für den alttestamentlichen Menschen unmittelbar miteinander verbunden. Wenn vom Leuchten des göttlichen Gesichts die Rede ist, so wird damit Gott als Quelle des Lebens angesprochen. Psalm 4,7b bittet: „Laß leuchten über uns das Licht deines Antlitzes"; der Psalm erbittet damit Leben und Heil. In anderen Texten erscheint dies spezifiziert auf

[handschriftlich am Rand: Gott ist Licht ...]

---

10 Simian-Yofre, a.a.O. 647–649.

die Fruchtbarkeit des Landes, auf Befreiung und Vermehrung: „Laß dein Angesicht leuchten, und wir werden gerettet sein" (Ps 80,4.8.20). Aber auch um Erleuchtung des Herzens geht es, damit der Mensch seine Sünden erkennen kann (Ps 90,8).[11] Und umgekehrt: Wo Gott sein Gesicht abwendet, da kehrt letztlich alles zum Staub zurück.[12] Deswegen ist die Bitte, daß Gott sein Antlitz nicht verberge, die Bitte um das Leben selbst, um die Kraft des Sehens, ohne die nichts gut sein kann. Das Schweigen Gottes, das Verhüllen seines Antlitzes, ist die Strafe schlechthin. Freilich kann dieses Sichverbergen Gottes dem Sünder eine trügerische Sicherheit geben: Gott scheint es gar nicht zu geben. Man kann gefahrlos ohne ihn, gegen ihn, mit dem Rücken zu ihm leben – so scheint es. Gerade diese Sicherheit des Gottlosen ist sein tiefstes Unheil. Sollten wir in einer Zeit des Schweigens Gottes, in einer Zeit, in der sein Gesicht unkenntlich geworden zu sein scheint, nicht mit einigem Erschrecken über diese Bedeutung der Verborgenheit Gottes nachdenken? Sollten wir nicht darin das wahre Verhängnis der Welt sehen und um so lauter und dringlicher zu Gott rufen, daß er sein Antlitz zeige? Ist die Suche nach seinem Gesicht in dieser Lage nicht um so dringlicher?

Mose und Christus

Schließlich möchte ich zum Abschluß dieser Hinweise auf die alttestamentlichen Grundlagen des neutestamentlichen Ausschauens nach dem Gesicht Christi, nach dem Gesicht Gottes noch einen zentralen alttestamentlichen Text vorstellen, den Paulus – wie schon angedeu-

---

11 Ebd. 638 und 640.

12 Ebd. 646.

22

tet – in 2 Kor 3,4–4,6 wieder aufgenommen und im Licht
Christi neu gelesen hat, so daß gerade hier die Neuheit
des Christlichen wie die innere Einheit der beiden Te-
stamente sichtbar werden kann. Ich meine die Passage
Ex 32–34, in der zuerst der Sündenfall Israels, die Anbetung des goldenen Kalbes geschildert wird, dann die Be-
strafung der Sünder und das Ringen des Mose mit Gott,
daß er sein Volk von neuem annehme, von dem er sich
ganz abzuwenden droht. Der Einsatz des Mose erreicht
seinen Höhepunkt in dem Angebot: „Sieh, dieses Volk
hat schwer gesündigt … Daß du ihnen diese Sünde ver-
zeihen möchtest! Wo nicht, so streiche mich lieber aus
deinem Buch, darin du schreibst!" (32,32). Im 33. Kapitel erscheint dann unser Thema in zwei Texten, die in einer gewissen Spannung zueinander stehen. Beide haben
für das christliche Suchen nach dem Gesicht Gottes
große Bedeutung erlangt. Zunächst wird geschildert,
wie Mose immer neu im Gespräch mit Gott steht, und
dabei wird gesagt: „Der Herr aber redete mit Mose von
Angesicht zu Angesicht, wie jemand mit seinem Freunde
spricht" (33,11). Am Ende des Kapitels bettelt Mose: „Laß
mich deine Herrlichkeit schauen!" Die Antwort lautet:
„Mein Angesicht kannst du nicht schauen. Kein Mensch
schaut mich und lebt … Hier bei mir ist Platz. Stelle dich
auf diesen Felsen! Zieht meine Herrlichkeit vorüber,
dann stelle ich dich in die Felsenritze und lege meine
Hand auf dich, bis ich vorüber bin. Dann ziehe ich
meine Hand zurück und du wirst meinen Rücken sehen.
Mein Angesicht aber kann niemand sehen" (33,18–23).

Auf der einen Seite steht das Reden von Gesicht zu Gesicht wie zwischen Freunden, auf der anderen Seite die
Unmöglichkeit, in diesem Leben Gottes Gesicht zu sehen, nur seinen Rücken kann der Mensch erkennen. Es
ist klar, daß dieser Text in der christlichen *relecture* des

Alten Testaments neue Bedeutung gewinnen mußte. Wie die Stephanus-Rede zeigt (Apg 7,37), stand den Christen die Verheißung aus dem Deuteronomium vor Augen: „Einen Propheten wie mich läßt dir der Herr, dein Gott, aus deiner Mitte, aus deinen Brüdern erstehen. Auf diesen sollt ihr hören" (Dtn 18,15). Aber Israel war sich in der Folgezeit durchaus auch des melancholischen Wortes bewußt, mit dem das Deuteronomium schließt: „Seitdem ist in Israel kein Prophet mehr erstanden wie Mose, mit dem der Herr von Angesicht zu Angesicht verkehrt hat" (34,10). Stephanus will in seiner Rede sagen, daß nun in Jesus von Nazareth die bisher offenstehende Verheißung erfüllt war. Jesus hatte wie Mose auf dem Berg sich selbst zum Sühneopfer dargeboten. Das Angebot des Mose war nicht angenommen worden. Christus aber hatte sich in der Tat für uns zur Sünde machen lassen, für uns den Fluch auf sich genommen (Gal 3,13). Er steht immerfort für uns als Fürbitter vor dem Vater (1 Joh 2,1). Und er war es, der immerfort Angesicht zu Angesicht mit dem Vater stand – mehr als ein Prophet, mehr als ein Freund – als der Sohn. Er konnte das Angesicht Gottes sehen, und auf seinem Angesicht wird uns Gottes Herrlichkeit sichtbar (2 Kor 4,6). Die Suche nach dem Angesicht Gottes ist für die Menschen von diesem Augenblick an konkreter geworden: Sie besteht in der Begegnung mit Christus, in der Freundschaft mit ihm, der uns nicht mehr Knechte, sondern Freunde nennt (Joh 15,15).

Wenn das Reden des Mose mit Gott von Gesicht zu Gesicht für die christlichen Leser des Buches Exodus eindeutig auf Christus verwies, so konnte sich die Verweigerung des Sehens und die Beschränkung auf den „Rücken Gottes" nicht ebenso auf Jesus selbst beziehen. In der einen Gestalt des Mose stellte sich demgemäß sowohl das

Geheimnis Christi wie der Weg der Jünger Jesu dar; auf sie, das heißt auf uns alle, die Christgläubigen, mußte der zweite Text verweisen. Dies ist der Grundgedanke der Auslegung von Ex 33 bei den Vätern; im einzelnen variiert natürlich die Interpretation gerade dieses schwierigen Textes vom Schauen des Rückens Gottes, vom Stehen in der Felsenritze, unter den Händen Gottes, die unser Auge decken, erheblich. Mich persönlich berührt immer wieder besonders die Auslegung, die Gregor von Nyssa der Stelle gegeben hat. Gott nur vom Rücken her sehen können – was bedeutet das anderes, so sagt er, als daß wir Gott nur begegnen können, indem wir hinter Jesus hergehen; daß wir ihn nur sehen in der Weise der Nachfolge Jesu, die ein Gehen hinter seinem Rücken und so hinter dem Rücken Gottes her ist.[13] Sehen Gottes geschieht in dieser Welt in der Weise der Nachfolge Christi; Sehen ist Gehen, ist Unterwegssein unserer ganzen Existenz auf den lebendigen Gott zu, wofür uns Jesus Christus mit seinem ganzen Weg, vor allem mit dem österlichen Geheimnis von Leiden, Sterben, Auferstehung, Auffahrt die Richtung schenkt.

---

13 Gregor v. Nyssa, De vita Moysis PG 44, 408 D: „Und nun wird Moses, der Gott zu sehen verlangte, belehrt, wie man Gott sehen kann: Gott nachfolgen, wohin Er auch führt, ist: Gott sehen." Die Interpretation von Ex 33 bei Gregor geht freilich weit über diesen Gedanken hinaus und umfaßt das ganze Thema der Schönheit Gottes, die uns nach oben zieht, wie des inneren Aufstiegs des Menschen. PG 44, 400 A–409 B. Deutsche Übersetzung: Gregor v. Nyssa, Der Aufstieg des Moses, übers. von M. Blum (Freiburg 1963) 117. Während Gregor in diesem Zusammenhang nicht direkt von Christus spricht, sondern nur von „Gott nachfolgen, wohin er auch führt", legt Augustinus die Rede vom „Rücken Gottes" explizit christologisch-inkarnatorisch aus: „Non incongruenter ex persona Domini nostri Iesu Christi praefiguratum solet intelligi, ut posteriora eius accipiatur caro eius" (De trinitate II 17,28). Wie das „solet intelligi" zeigt, setzt er dabei schon eine entsprechende Auslegungstradition voraus.

Christus schauen in der christlichen Existenz

Der zentrale alttestamentliche Text über das Sehen von
Gottes Gesicht hat uns so von selbst ins Neue Testament
hinübergeführt. Was ist nun das Neue im Neuen Testament? Das Neue ist nicht eigentlich eine Idee, das Neue ist
eine Tatsache, besser: eine Person, Jesus Christus. Von ihm
her ordnen sich die vielfältigen Motive der alttestamentlichen Frömmigkeit neu und erhalten, gerade auch nach
dem Ende des Tempels, eine neue Konkretheit. Er selbst
ist das Gesicht Gottes für uns. Aus diesem Wissen heraus
ist die große Kunst der Ikonen entstanden, die freilich gerade nicht beanspruchen können, Endpunkt unseres Suchens nach Christi Gesicht zu sein. Dasselbe gilt natürlich
auch von den *Acheiropoieta,* den nach der Überlieferung
nicht von Menschenhand gemachten Bildern, die die Chri-
stusikonen inspiriert haben. In dem Ringen zwischen Iko-
nenfrömmigkeit und Ikonoklasmus ging es um diesen
Kernpunkt: Die Ikone darf nicht zum Götterbild werden,
das in sich selber steht und Gott geradezu materiell greif-
bar macht. Sie muß vielmehr in sich selber die Dynamik
der Überschreitung tragen, über sich hinausweisen und
eine Einladung sein, die uns auf den Weg bringt, auf die
Suche nach dem Gesicht des Herrn – eine Einladung, die
uns über alles Materielle hinausführt und uns ständig auf
dem Weg der Nachfolge hält, der in diesem Leben nicht zu
beenden ist. Wenn wir es theologisch-fachlich ausdrücken
wollen, können wir sagen: Die Ikone trägt eine eschatologische Dynamik in sich; nur wenn wir sie so sehen, ist sie
recht gesehen.[14] Im 19. Jahrhundert ist aus diesen Antrieben heraus neu, an spätmittelalterliche Frömmigkeitsfor-
men anknüpfend, die Verehrung des heiligen Antlitzes

---

14 Ich darf dafür auf mein Buch „Der Geist der Liturgie" (Freiburg 2000)
    99–116 verweisen.

entstanden, die bei Therese von Lisieux einen Höhepunkt findet, wenn sie sich selber „vom Kinde Jesu" und „vom heiligen Antlitz" nannte. Beide Titel spielen auf die *Kenose* Gottes an, auf sein Kleinwerden, auf sein Herabsteigen in die Armseligkeit menschlicher Existenz. Wenn der erste Titel mehr das Liebenswerte dieses Abstiegs herausstellt, so betont der zweite den Aspekt der Passion, denn in dieser Welt ist das Antlitz Christi ein „Haupt voll Blut und Wunden"; gerade so zeigt es das Geheimnis der Liebe Gottes und Gottes wahres Gesicht.[15]

Nochmals näher zusehend können wir drei Schwerpunkte in der neutestamentlich begründeten christlichen Frömmigkeit des Suchens nach dem Gesicht Christi und nach dem Gesicht Gottes unterscheiden. Grundlegend ist zunächst die Nachfolge, die Ausrichtung der ganzen Existenz auf das Begegnen mit Jesus. Zu ihr gehört zentral die Liebe zum Nächsten, die Liebe, die vom Gekreuzigten her in den Armen, Schwachen, Leidenden das Gesicht Jesu erkennt. Sie kann ihn förmlich in ihnen sehen; im Dienst an den Hilfsbedürftigen liebt sie ihn, ist sie ihm nahe, schaut und berührt sie ihn (vgl. Mt 25,31–46). Aber in den Armen können wir Jesus selbst doch immer nur dann erkennen, wenn uns sein Gesicht selbst vertraut geworden ist, und dieses Gesicht wird uns ganz nahe besonders im Geheimnis der Eucharistie, in dem immerfort das Ringen des Mose auf dem Berg unter uns Gegenwart wird: Der Herr steht auf dem Berg und läßt sich für uns zur Sünde machen. So wird er zum gestorbenen Weizenkorn, so schenkt er sich in der Eucharistie

---

15 Eine einfühlsame Auslegung dieser beiden einander zugeordneten Aspekte der theresianischen Spiritualität findet man bei einem evangelischen Autor: U. Wickert, Leben aus Liebe. Therese von Lisieux (Vallendar 1997), bes. 41–50.

uns allen, gibt sich uns als das wahre Brot des Lebens in unsere Hände. Damit wird Eucharistie zum Sehen, wie es bei den Jüngern von Emmaus exemplarisch geschehen war. Im Brotbrechen erkennen wir ihn, fällt es uns wie Schuppen von den Augen. In der Eucharistie schauen wir auf den, den sie durchbohrt haben, auf das Haupt voll Blut und Wunden. So lernen wir ihn kennen und können ihn in den Armen wiedererkennen. Insofern gehört zur liturgischen Frömmigkeit die ganz persönliche Passionsfrömmigkeit, die innere Begegnung mit Jesus, auch die Volksfrömmigkeit. Die wahre Ikone kommt aus diesem Begegnen mit Jesus und führt daher zu ihm, aber eben deshalb notwendig immer auch zum Nächsten.

Schließlich steckt in den beiden miteinander untrennbar verflochtenen Weisen des Schauens auf Christi Gesicht, die uns damit begegnet sind, ein drittes Element, nämlich das eschatologische. Wie das Schauen auf die Ikone immer über diese hinausführt, so trägt auch die Eucharistiefeier diese Dynamik in sich: Sie ist Zugehen auf den kommenden Christus, auf jenes „Erwachen", in dem er selbst uns mit seinem Anblick, mit dem Anblick des trinitarischen Gottes sättigen wird. Und gerade auch die Zuwendung zum Nächsten, der soziale Einsatz, überschreitet den Augenblick. Die Liebe tut gewiß zuallererst das jetzt Nötige, die jetzt gebotene Hilfe für den Leidenden und Bedürftigen. Die politische Theologie wollte diese jetzt zu gebende Hilfe zurückstellen gegenüber dem grundlegenden Auftrag der Herstellung der besseren Welt. Das war und ist eine Anmaßung, in der der einzelne zum Instrument für politische Zukunftsträume wird, die ihrerseits irreal bleiben. Aber das berühmte Körnchen Wahrheit fehlt doch auch hier nicht: Die Hilfeleistung an den einzelnen gehört dem Ringen der Liebe, dem Ringen des Glaubens um das Kommen von Gottes Reich zu. Das Reich Gottes ist freilich nicht eine von uns zu leistende politische Konstruktion, sondern Gabe Gottes, die wir nicht erzwingen können. Aber es hat doch mit unserem Weg dienender Nachfolge zu tun, insofern Liebe, die nicht über das Materielle hinaus auch Gott gibt, nicht zu Gott führt und auf sein Antlitz hin ausrichtet, immer zu wenig gibt. Nächstenliebe und Kult sind Vorgriffe auf das, was in dieser Welt Hoffnung bleibt. Aber gerade darum sind sie Kräfte der Hoffnung, die auf das kommende Größere zuführen – auf die wahre Heilung und die wahre Sättigung – das Schauen von Gottes Gesicht.

Ausblick: Die Weltreligionen und der Glaube

Zum Schluß müssen wir noch einmal auf die Frage des Zusammenhangs dieser biblischen Lebensform mit der Religionsgeschichte im ganzen zurückkommen. Wir hatten gesehen, daß die Ablösung vom Kultbild, die doch die Suche nach Gottes Gesicht beibehielt, zur Erkenntnis des persönlichen Gottes führte und damit überhaupt zur Erkenntnis dessen, was Person ist. An diesem Punkt scheiden sich die Wege der Religionsgeschichte. Die großen Religionsformen, die den persönlichen Gott nicht kennen, wie Neuplatonismus und Buddhismus oder auch wesentliche Gestaltungen des Hinduismus, kennen sehr wohl Götter, zu denen gebetet werden kann, die helfen oder auch schaden können. Diese Götter kann man abbilden; sie haben ein Gesicht; sie sind irgendwie Personen. Aber diese „Götter" sind nicht Gott. Sie sind Mächte im Zwischenbereich, über die viele nicht hinauskommen. Dem Bereich des Endgültigen, des ganz Anderen, des Eigentlichen gehören sie indes nicht zu. Diese eigentliche Wirklichkeit, die Plotin das

„Eine" über allem Sein und allen Namen nennt und die in der buddhistischen Sichtweise das absolute „Nichts" ist – diese Wirklichkeit hat nicht Namen und Gesicht. Das eigentliche Ziel aller Reinigungen und Heilungen besteht darin, aus dem Bereich der Namen und der Gesichter herauszutreten, aus dem Bereich der Trennungen und des Gegenüber in das Namenlose des „Eins" oder auch eben des „Nichts". Das Neue der biblischen Religion war und ist es, daß dieses Ursein selbst, der eigentliche „Gott", von dem es keine Bilder geben kann, dennoch Gesicht und Namen hat, Person ist. Und das Heil besteht nicht im Versinken ins Namenlose, sondern in der „Sättigung an seinem Angesicht", die uns im Erwachen zuteil wird. Diesem Erwachen, dieser Sättigung geht der Christ im Schauen auf den Durchbohrten, im Schauen auf Jesus Christus entgegen.

Verwundet vom Pfeil des Schönen.
Das Kreuz und die neue „Ästhetik" des Glaubens

Im Stundengebet der Fastenzeit berührt mich jedes Jahr wieder ein Paradox, das sich in der Vesper am Montag der zweiten Woche des Vierwochenpsalters findet. Da stehen für die Fastenzeit einerseits, für die Karwoche andererseits zwei Antiphonen nebeneinander, die beide in den folgenden Psalm 45 einführen wollen, ihm aber einen ganz gegensätzlichen Deutungsschlüssel vorgeben. Es ist der Psalm, der die Hochzeit des Königs beschreibt, seine Schönheit, seine Tugenden, seine Sendung und dann in einen Lobpreis der Braut übergeht. In der Fastenzeit wird der Psalm von der gleichen Antiphon umrahmt, die auch das ganze übrige Jahr hindurch verwendet wird; es ist der Vers 3 des Psalms, der so lautet: „Du bist der Schönste von allen Menschen, Anmut ist ausgegossen über deine Lippen." Es ist klar, daß die Kirche diesen Psalm als prophetisch-poetische Darstellung des bräutlichen Verhältnisses von Christus und Kirche liest. Sie bekennt so Christus als den Schönsten der Menschen; die Anmut, die über seine Lippen ausgegossen ist, verweist auf die innere Schönheit seines Wortes, auf die Herrlichkeit dieser Botschaft. So wird nicht einfach eine äußere Schönheit der Erscheinung des Erlösers gepriesen: In ihm erscheint vielmehr die Schönheit der Wahrheit, die Schönheit Gottes selbst, die uns hinreißt, uns gleichsam die Wunde der Liebe, den heiligen Eros zufügt, der uns mit und in der Braut Kirche aufbrechen läßt zu der Liebe, die uns ruft. Aber am Mittwoch in der Karwoche wechselt die Kirche die Antiphon und lädt uns ein, den Psalm von Jes 53,2 her zu lesen: „Nicht Schönheit war an ihm noch edle Gestalt. Sein Gesicht war entstellt." Wie geht das zusammen? Der „Schönste der Menschen" ist unansehnlich, so daß man ihn nicht anschauen will; Pilatus stellt ihn der Menge vor mit den Worten: „Ecce homo", um Mitleid zu erheischen für den Geschundenen und Geschlagenen, an dem keine äußere Schönheit geblieben ist. Augustinus, der in seiner Jugend über das Schöne und Angemessene ein Buch geschrieben hatte und ein leidenschaftlicher Liebhaber des Schönen im Wort, in der Musik, im Bild war, hat diese Paradoxie sehr stark empfunden und gesehen, daß die große griechische Philosophie des Schönen an dieser Stelle zwar nicht einfach weggeworfen, aber doch dramatisch in Frage gestellt war: Was schön ist, was Schönheit bedeutet, mußte neu erfragt und erlitten werden. Er sprach im Blick auf die Paradoxie dieser Texte von „zwei Trompeten", die gegensätzlich tönen und doch von demselben Atem – demselben Geist – ihre Töne empfangen. Er wußte, daß die Paradoxie Gegensatz, aber nicht Widerspruch ist. Beide Worte stammen von demselben Geist, der die ganze Schrift inspiriert, der aber in ihr mit unterschiedlichen Noten spielt und gerade so das Ganze der wahren Schönheit, der Wahrheit selbst vor uns hinstellt.[1] Vor dem Jesaja-Text bricht zunächst die Frage auf, die die Väter beschäftigt hat, ob Christus nun schön oder nicht schön war; dahinter lauert die radikalere Frage, ob die Schönheit wahr ist oder ob vielleicht das Häßliche uns an die eigentliche Wahrheit des Wirklichen heranführt. Wer an Gott glaubt, an den Gott, der sich gerade in der entstellten Gestalt des Gekreuzigten als Liebe „bis zum Letzten" (Joh 13,1) geoffenbart hat, der weiß, daß die Schönheit Wahrheit und daß die Wahrheit Schönheit ist, aber am leidenden Christus lernt er auch, daß die Schönheit der Wahrheit Verwundung, Schmerz, ja das dunkle Geheim-

---

1   Vgl. J. Tscholl, Dio ed il bello in sant'Agostino (Mailand 1996), bes. 112 f.

nis des Todes einschließt und nur in der Annahme des Schmerzes, nicht an ihm vorbei gefunden werden kann.

Ein erstes Wissen davon, daß Schönheit auch mit Schmerz zu tun hat, ist denn auch in der griechischen Welt durchaus gegenwärtig – denken wir etwa an Platons Phaidros. Platon sieht die Begegnung mit der Schönheit als jene heilende Erschütterung an, die den Menschen aus sich herausreißt, ihn „hinreißt". Der Mensch, so sagt er, hat die ihm zugedachte Vollkommenheit des Ursprungs verloren. Nun befindet er sich immerfort auf der Jagd nach der heilenden Urgestalt. Erinnerung und Sehnsucht bringen ihn auf die Suche, und die Schönheit reißt ihn aus der Zufriedenheit des Alltags heraus. Sie macht ihn leiden. Wir könnten in seinem Sinn sagen: Der Pfeil der Sehnsucht trifft den Menschen, verwundet ihn und beflügelt ihn gerade so, zieht ihn nach oben.[2] In der Aristophanes-Rede des Symposion heißt es, daß die Liebenden nicht wissen, was sie eigentlich voneinander verlangen. Vielmehr sei es offenbar, daß ihrer beider Seele nach etwas anderem als dem Liebesgenuß dürste. Dies andere aber vermag die Seele nicht auszusprechen; „sie ahnt nur, was sie eigentlich will und spricht sich selber in Rätseln davon"[3]. Im 14. Jahrhundert findet man bei dem byzantinischen Theologen Nikolaus Kabasilas – in seinem Buch über das Leben in Christus – diese Erfahrung Platons wieder, bei der das Ziel der Sehnsucht noch namenlos bleibt.

---

2 Ich stütze mich hier auf die großartige Interpretation des platonischen Eros bei J. Pieper, Begeisterung und göttlicher Wahnsinn. Über den platonischen Dialaog Phaidros, in: ders., Werke, Bd. 1: Darstellungen und Interpretationen: Platon, hg. von B. Wald (Hamburg 2002) 248–331; hierzu 314f. Eine Kurzfassung des Essays ist 1989 in Stuttgart erschienen.

3 Pieper, ebd. 315; Symposion 192c–d.

Nun ist sie christlich verwandelt, wenn er sagt: „Menschen, die ein so mächtiges Sehnen in sich haben, daß es ihre Natur übersteigt, und sie mehr begehren und vermögen, als zu erstreben dem Menschen zukommt, solche Menschen hat der Bräutigam selbst verwundet; deren Augen hat er selber einen Strahl seiner Schönheit gesandt. Die Größe der Wunde verrät ja den Pfeil, und das Sehnen deutet hin auf den, der den Pfeil geschossen hat."[4]

Schönheit verwundet, aber gerade so erweckt sie den Menschen zu seiner höchsten Bestimmung. Was Platon und mehr als eineinhalb Jahrtausende später Kabasilas sagen, hat nichts mit oberflächlichem Ästhetizismus und nichts mit Irrationalismus, mit Flucht vor der Helligkeit und dem Ernst der Vernunft zu tun. Schönheit ist Erkenntnis, ja, eine höhere Art des Erkennens, weil sie den Menschen mit der ganzen Größe der Wahrheit trifft. Kabasilas ist darin ganz Grieche geblieben, daß er das Erkennen an den Anfang stellt: „Ursache des Liebens ist das Erkennen – sagt er –, das Erkennen gebiert das Lieben".[5] Gelegentlich – so fährt er fort – könne das Erkennen so stark sein, daß es gleichsam die Wirkung eines Liebestrankes ausübe. Er läßt dies nicht so im allgemeinen stehen. In seiner gründlichen Art des Denkens unterscheidet er zwei Arten der Erkenntnis: Erkennen durch Belehrung, das Erkennen von zweiter Hand bleibt und keine Berührung mit der Realität selbst bringt. Das Zweite ist demgegenüber Erkennen durch eigene Erfahrung, durch Berührung mit den Dingen selbst. „Solange wir also ein Wesen nicht gekostet haben, lieben wir den Gegenstand

---

4 Nikolaus Kabasilas, Das Buch vom Leben in Christus. Übertragen von G. Hoch (Einsiedeln 1991[3]) 79 f.

5 Ebd. 78.

auch nicht so, wie er geliebt werden müßte."[6] Das Getroffensein vom Strahl der Schönheit, das den Menschen verwundet, ist das eigentliche Erkennen: das Berührtwerden von der Wirklichkeit, „von der persönlichen Gegenwart Christi selbst", wie er sagt. Die Überwältigung durch die Schönheit Christi ist realere und tiefere Erkenntnis als bloße rationale Deduktion. Die Bedeutung theologischer Reflexion, genauen und sorgsamen theologischen Denkens dürfen wir nicht gering schätzen – es bleibt absolut notwendig. Aber darob die Erschütterung durch die Begegnung des Herzens mit der Schönheit als wahre Weise des Erkennens zu verachten oder abzuweisen, verarmt uns und verödet Glaube wie Theologie. Diese Weise des Erkennens müssen wir wiederfinden – das ist eine dringliche Forderung dieser Stunde.

Hans Urs von Balthasar hat von dieser Einsicht her sein Opus magnum der theologischen Ästhetik gebaut, aus dem viele Einzelheiten in die theologische Arbeit eingegangen sind, während ihr Ansatz, der das eigentlich Wesentliche des Ganzen bildet, kaum aufgenommen ist.[7] Dies ist freilich nicht nur und wohl nicht einmal vor allem ein Problem der Theologie, sondern auch der Pastoral, die den Menschen wieder die Begegnung mit der Schönheit des Glaubens vermitteln muß. Die Argumente treffen so oft ins Leere, weil zu viel Argumentationen gegensätzlicher Art in unserer Welt konkurrieren, so daß sich dem Menschen unmittelbar der Gedanke aufdrängt, den die mittelalterlichen Theologen in die Form gefaßt

---

6   Ebd. 79.

7   Ich verweise dafür besonders auf den ersten Band seiner „Herrlichkeit. Eine theologische Ästhetik: Schau der Gestalt" (Einsiedeln 1961).

haben: Die Vernunft habe eine wächserne Nase, das heißt man könne sie, wenn man nur geschickt genug ist, nach den verschiedensten Richtungen herumdrehen. Alles ist so gescheit, so einleuchtend – wem sollen wir vertrauen? Die Begegnung mit der Schönheit kann das Auftreffen des Pfeils werden, der die Seele verwundet und sie damit hellsichtig macht, so daß sie nun – vom Erfahrenen her – Maßstäbe hat und jetzt auch die Argumente recht wägen kann. Mir bleibt unvergessen das Bach-Konzert, das nach dem frühen Tod von Karl Richter Leonard Bernstein in München dirigiert hat. Ich saß neben dem evangelischen Landesbischof Hanselmann. Als der letzte Ton einer der großen Kantaten des Thomas-Kantors triumphal verklungen war, schauten wir uns spontan an und sagten ebenso spontan zueinander: Wer das gehört hat, weiß, daß der Glaube wahr ist. In dieser Musik war eine so unerhörte Kraft anwesender Wirklichkeit vernehmbar geworden, daß man nicht mehr durch Schlußfolgerung, sondern durch Erschütterung wußte, daß dies nicht aus dem Leeren stammen konnte, sondern nur geboren werden konnte durch die Kraft von Wahrheit, die in der Inspiration des Komponisten sich gegenwärtig setzt. Und wird nicht dasselbe klar, wenn wir uns von der Dreifaltigkeits-Ikone Rubljews anrühren lassen? In der Kunst der Ikonen, aber auch in den großen abendländischen Bildwerken der Romanik und der Gotik ist die Erfahrung, die Kabasilas schildert, von innen nach außen gewandert und so mitteilbar geworden. Paul Evdokimov hat eindringlich gezeigt, welchen inneren Weg die Ikone voraussetzt. Sie ist gerade nicht einfach Abdruck des sinnlich Wahrnehmbaren, sondern setzt – wie er sagt – ein „Fasten des Sehens" voraus. Die innere Wahrnehmung muß sich vom bloß sinnlichen Eindruck befreien und in Gebet und Aszese ein neues, tieferes Sehen erlernen, den Überschritt vom bloß Äußeren zu der Tiefe der Wirklichkeit gewinnen, so daß der Künstler sieht, was die Sinne als solche nicht sehen und was doch im Sinnlichen erscheint: den Herrlichkeitsglanz Gottes, den „göttlichen Glanz auf dem Antlitz Christi" (2 Kor 4,6).[8] Das Hinschauen auf die Ikone, überhaupt auf die großen Bilder christlicher Kunst, führt uns einen inneren Weg, einen Weg der Überschreitungen, und bringt uns so, in dieser Reinigung des Schauens, die eine Reinigung des Herzens ist, die Schönheit zu Gesicht oder wenigstens einen Strahl von ihr. Gerade so bringt sie uns mit der Macht der Wahrheit in Berührung. Ich habe schon öfters gesagt, daß meiner Überzeugung nach die wahre Apologie des Christlichen, sein überzeugender Wahrheitsbeweis, allem Negativen entgegen zum einen die Heiligen sind und zum anderen die Schönheit, die der Glaube hervorgebracht hat. Damit Glaube heute wachsen kann, müssen wir uns selbst und die uns begegnenden Menschen in die Begegnung mit den Heiligen, in die Berührung mit dem Schönen führen.

Aber nun müssen wir uns noch einem Einwand stellen. Die Behauptung, dies sei Flucht ins Irrationale, bloßer Ästhetizismus, haben wir schon abgewiesen. Denn das Gegenteil ist wahr: Gerade so wird die Vernunft aus ihrer Betäubung befreit und aktionsfähig. Schwergewichtiger ist heute ein anderer Einwurf: Die Botschaft der Schönheit wird durch die Macht der Lüge, der Verführung, der Gewalt, des Bösen überhaupt in Frage gestellt. Kann die Schönheit wahr sein? Oder ist sie nicht am Ende doch eine Täuschung? Ist nicht vielleicht die Wirklichkeit doch im Grunde böse? Die Angst, daß am Ende

---

8   P. Edvokimov, L'art de l'icône. Théologie de la beauté (Paris 1970), bes. 153–165; vgl. J. Ratzinger, Der Geist der Liturgie (Freiburg 2000) 99–116.

doch nicht der Pfeil des Schönen uns vor die Wahrheit bringt, sondern die Lüge, das Häßliche und Gemeine die eigentliche „Wahrheit" seien, hat die Menschen zu allen Zeiten bedrängt. Sie hat in der Gegenwart Ausdruck gefunden in der Formel, nach Auschwitz könne man nicht mehr dichten. Nach Auschwitz könne man nicht mehr von einem guten Gott reden. Wo war Gott bei den Verbrennungsöfen geblieben – so fragt man. Nun, dieser Einwurf, für den es auch schon vor Auschwitz in all den Furchtbarkeiten der Geschichte Gründe genug gab, zeigt auf jeden Fall, daß ein bloß harmonischer Begriff der Schönheit nicht ausreicht. Er wird dem Ernst der Infragestellung Gottes, der Wahrheit, der Schönheit nicht gerecht. Apoll – der für Sokrates-Platon „der Gott" war und die ungetrübte Schönheit als das wahrhaft Göttliche verbürgte – reicht nicht aus. Damit kommen wir wieder auf die „zwei Trompeten" der Bibel zurück, von denen wir ausgegangen waren, auf das Paradox, daß von Christus sowohl gesagt werden kann „Du bist der Schönste unter allen Menschen" wie „Nicht Schönheit war an ihm … Sein Gesicht war entstellt". In der Passion Christi ist die bewundernswerte griechische Ästhetik mit ihrer ahnenden Berührung des doch unnennbar bleibenden Göttlichen nicht aufgehoben, aber überschritten worden. Die Erfahrung des Schönen hat eine neue Tiefe, einen neuen Realismus empfangen. Der, der die Schönheit selber ist, hat sich ins Gesicht schlagen, sich anspucken, sich mit Dornen krönen lassen – das Grabtuch von Turin kann es uns auf ergreifende Weise ahnen lassen. Aber gerade in dem so entstellten Gesicht kommt die wahre, die letzte Schönheit zur Erscheinung: die Schönheit der Liebe, die „bis zum Letzten" geht und sich eben darin stärker erweist als die Lüge und die Gewalt. Wer diese Schönheit wahrgenommen hat, weiß, daß eben doch die Wahrheit und nicht die Lüge die letzte Instanz der Welt ist. Nicht die Lüge ist „wahr", sondern eben die Wahrheit: Es ist sozusagen ein neuer Trick der Lüge, daß sie sich selbst als solche darstellt und uns sagt: Über mich hinaus gibt es letztlich nichts. Hört auf, nach der Wahrheit zu suchen oder gar sie zu lieben. Da seid ihr auf dem Irrweg. Die Ikone des Gekreuzigten befreit uns von dieser heute übergewaltigen Einrede; sie setzt allerdings voraus, daß wir uns mit ihm verwunden lassen und der Liebe trauen, die es riskieren konnte, die äußere Schönheit abzulegen, um gerade so die Wahrheit der Schönheit zu verkünden.

Die Lüge kennt freilich auch noch einen anderen Trick: die verlogene, die falsche Schönheit – eine grelle Schönheit, die die Menschen nicht aus sich herausreißt in die Ekstase des Aufbrechens nach oben, sondern ihn ganz in sich hinein vermauert. Es ist die Schönheit, die nicht die Sehnsucht nach dem Unsagbaren, nicht den Willen zur Hingabe, zum Sichverlieren weckt, sondern das Begehren wachruft, den Willen zur Macht, zur Habe, zum Genuß. Es ist die Art von Schönheitserfahrung, von der die Genesis im Sündenfallsbericht erzählt: Eva sah, daß vom Baum zu essen „schön" war, und er war „köstlich anzusehen". Die „Schönheit", wie sie sie erfährt, erweckt in ihr die Lust des Habens, biegt sie sozusagen auf sich selbst zurück. Wer würde nicht – zum Beispiel in der Werbung – die Bilder kennen, die mit aller Raffinesse dafür gemacht sind, den Menschen unwiderstehlich zum Zugreifen zu verlocken, die Befriedigung des Augenblicks statt den Aufbruch zum anderen hin zu suchen? So steht die christliche Kunst heute (und vielleicht immer schon) zwischen zwei Feuern: Sie muß sich dem Kult des Häßlichen widersetzen, der uns sagt, alles andere, alle Schönheit sei Betrug, nur die Darstellung des Grausamen, Niedrigen, Gemeinen sei die Wahrheit und die wahre Aufklärung. Und sie muß der verlogenen

Schönheit widerstehen, die den Menschen verkürzt, statt ihn groß zu machen und gerade dadurch Lüge ist.

Wer kennte nicht das viel zitierte Wort von Dostojewski: Die Schönheit wird uns erlösen? Man vergißt aber meistens zu erwähnen, daß Dostojewski mit der erlösenden Schönheit Christus meint. Ihn müssen wir sehen lernen. Wenn wir ihn nicht mehr bloß durch Worte kennen, sondern vom Pfeil seiner paradoxen Schönheit getroffen sind, dann lernen wir ihn wirklich kennen und wissen von ihm nicht mehr bloß aus zweiter Hand. Dann sind wir der Schönheit der Wahrheit, der erlösenden Wahrheit begegnet. Nichts kann uns mehr mit der Schönheit Christi selbst in Berührung bringen als die vom Glauben geschaffene Welt des Schönen und das Leuchten auf dem Gesicht der Heiligen, durch das hindurch sein eigenes Leuchten sichtbar wird.

Kommunikation und Kultur.
Neue Wege der Evangelisierung im dritten Jahrtausend*

Das Thema, das mir gestellt wurde, umfaßt drei Hauptbegriffe: Kommunikation – Kultur – Evangelisierung. Ganz offensichtlich gehören zunächst die beiden Begriffe Kommunikation und Evangelisierung zusammen: Evangelisierung ist Mitteilung eines Wortes, das mehr als Wort – eine Weise des Lebens, ja das Leben selber ist. So ist die Frage des Themas zunächst: Wie kann das Evangelium die Schwelle von mir zum anderen hin überschreiten? Wie kann es zu einer Kommunion im Evangelium kommen, so daß es nicht nur mich mit dem anderen verbindet, sondern uns beide mit dem Wort Gottes vereint und so eine wahrhaft in die Tiefe gehende Einheit entsteht?

Zwischen den beiden Worten Kommunikation und Evangelisierung steht in unserem Thema das Wort Kultur. Offenbar soll damit das Medium der Kommunikation bezeichnet werden, der Raum, in dem sich Mitteilung vollziehen kann. In der Tat wird ja das Evangelium nicht zu Menschen gebracht, deren Geist eine „tabula rasa" („unbeschriebene Tafel") wäre, wie es nach Aristoteles und Thomas von Aquin der menschliche Geist zunächst beim Erwachen ins Leben hinein ist. Nein, die Tafel des Geistes, zu der unsere Verkündigung kommt, ist auf vielfältige Weise beschrieben und wird immerfort durch ei-

---

* Dieser Text wurde im Rahmen einer Veranstaltung der Italienischen Bischofskonferenz zum Thema Evangelium und Kultur vorgetragen. Den kurzen Blick auf die kulturelle Situation Italiens, der sich daraus ergab, habe ich bewußt stehengelassen; für den Leser wird es leicht sein, das Gesagte entsprechend seiner eigenen kulturellen Situation abzuwandeln. In diesen Band habe ich den Text aufgenommen, weil im Mittelpunkt seiner Reflexionen die Gestalt Christi steht.

ne Unzahl von Kommunikationen berührt, so daß es fast unmöglich scheint, darauf noch etwas Weiteres unterzubringen. Ist bei der Informationsfülle von heute überhaupt Platz auf der Tafel unserer Seelen, oder kann, wie es oft zu geschehen scheint, das Evangelium nur noch an ihren äußersten Rand geschrieben werden? Oder ist vielleicht das Evangelium nicht eine Information unter anderen, eine Zeile auf der Tafel neben anderen, sondern der Schlüssel, eine Botschaft ganz anderer Art als die vielen Informationen, die uns Tag um Tag überfallen? Von der Frage nach der Eigenart dieser Botschaft hängt ja auch die Frage nach der rechten Form ihrer Mitteilung ab. Wenn das Evangelium nur als eine Notiz unter vielen erscheint, kann es vielleicht um anderer wichtiger Botschaften willen aussortiert werden. Aber wie macht die Mitteilung, die wir Evangelium nennen, deutlich, daß es eben eine ganz andere Art von Information – in heutigem Sprachgebrauch eher eine „Performation" –, ein Lebensvorgang ist, durch den das Instrument der Existenz erst richtig gestimmt wird?

Wir sind abgeirrt. Ich hatte gesagt, die Tafel des Geistes sei nicht unbeschrieben. Wir müssen hinzufügen: Der Mensch ist nie allein, er wird geprägt von einer Gemeinschaft, die ihm Formen des Denkens, des Fühlens, des Handelns vorgibt. Dieses Gefüge von Denk- und Vorstellungsformen, das den Menschen vorprägt, nennen wir Kultur. Zur Kultur gehört zuallererst die gemeinsame Sprache, dann die Verfassung der Gemeinschaft, also der Staat mit seinen Gliederungsformen, das Recht, die Sitte, die moralischen Auffassungen, die Kunst, die Formen des Kultus usw. In dieses Lebensgefüge „Kultur" tritt das Wort des Evangeliums hinein. Es muß sich in ihm verständlich machen, und es soll darin wirksam werden, diese ganze Lebensgestalt prägen, sozusagen

Sauerteig in ihm sein, der das Ganze durchdringt. Das Evangelium setzt bis zu einem gewissen Grade Kultur voraus, es ersetzt sie nicht, aber es prägt sie. In der griechischen Welt entspricht unserem Begriff Kultur am ehesten das Wort *Paideia* – Bildung in dem höchsten Sinn, daß sie den Menschen zur wahren Menschlichkeit bringt; die Lateiner haben dasselbe mit dem Wort *eruditio* ausgedrückt: Der Mensch wird entroht, er wird zum wahren Menschsein gebildet. In diesem Sinn ist das Evangelium ganz wesentlich Paideia-Kultur, aber es verbindet sich bei dieser Erziehung des Menschen mit allen Kräften, die Menschsein als gemeinschaftliches Sein gestalten.

Das mir gestellte Thema fügt aber der allgemeinen Frage nach der Kommunikation des Evangeliums im Medium der Kultur noch eine zeitliche Bestimmung hinzu: das dritte Jahrtausend. Es geht also nicht abstrakt um das Verhältnis von Evangelium und Kultur, sondern darum, wie im Raum der Kultur von heute das Evangelium mitteilbar werden kann. So muß wenigstens ganz kurz gefragt werden: Was ist denn unsere Kultur, die auf die Tafel unserer Seelen heute schreibt? Die temporale Präzisierung ist durch den Rahmen dieser Veranstaltung auch noch von einer örtlichen Bestimmung begleitet: Es geht um die Kirche in Italien. Nun, Italien gehört mit seinen ganz spezifischen Eigenheiten der westlichen Welt und ihrer Kultur zu. Diese Kultur ist einerseits vom Christentum gebaut worden, und in Italien ist die Prägung durch den katholischen Glauben zweifellos noch wesentlich stärker wirksam als in manchen anderen westlichen Ländern. Insofern spricht das Evangelium hier nicht einfach in einen ganz fremden Rahmen hinein. Diese bestehenden Elemente einer christlichen Kultur dürfen wir nicht gering achten und nicht im Erneuerungseifer als veraltetes Gerümpel beiseite schieben wollen, wie es in der ersten Begeisterung der Nachkonzilszeit da und dort geschehen ist, wo alle vorhandene christliche Kultur plötzlich mit einer seltsamen Zerteilung der Zeit als vorkonziliar abgestempelt und damit als überholt etikettiert wurde. Nein, dieser christlichen Prägeformen unseres gemeinschaftlichen Lebens sollten wir froh sein, sie – wo es nötig ist – entstauben und reinigen, im übrigen aber sie stärken und ermutigen. Aber immer schon, auch im Mittelalter, war diese christliche Kultur von nichtchristlichen und antichristlichen Elementen flankiert. Seit der Aufklärung entfernt sich die Kultur des Westens mit wachsender Geschwindigkeit von ihren christlichen Grundlagen. Die Auflösung von Familie und Ehe, die zunehmenden Angriffe auf das menschliche Leben und seine Würde, die Abdrängung des Glaubens ins Subjektive und die daraus folgende Säkularisierung des öffentlichen Bewußtseins wie die Fragmentierung und Relativierung des Ethos zeigen uns das überdeutlich. Insofern ist die heutige Kultur in Italien und in unterschiedlichen Weisen in der ganzen westlichen Welt auch eine von inneren Widersprüchen zerrissene Kultur. Da sind die sich behauptenden oder neu aufbrechenden Weisen christlicher Kultur, da sind im Widerstreit dazu mit zunehmender Breitenwirkung Gegengestalten zur christlichen Paideia. Die Evangelisierung, die in diese Kultur hinein spricht, hat es also nicht mit einem einheitlichen Adressaten zu tun. Sie muß in einem widersprüchlichen Gebilde die Kunst der Unterscheidung üben und muß auch in den säkularisierten Zonen dieser Kultur Wege finden, die sich zum Glauben hin öffnen lassen.

Bevor ich versuche, diese Gedanken in ein paar Thesen noch etwas weiter zu konkretisieren, möchte ich ein Bild für diesen Weg kultureller Begegnung und Ausein-

andersetzung vorlegen, das ich bei Basilius dem Großen
(† 379) gefunden habe, der sich in dem Ringen mit der
griechischen Kultur seiner Zeit vor eine durchaus ähn-
liche Aufgabe gestellt sah, wie sie uns gesetzt ist. Basilius knüpft an die Selbstvorstellung des Propheten Amos
an, der von sich sagte: „Hirte bin ich und Maulbeerfeigenzüchter" (7,14). Die griechische Übersetzung des
Prophetenbuches, die Septuaginta, gibt den letzteren
Ausdruck anschaulicher so wieder: „Ich war einer, der
Maulbeerfeigen schlitzt." Die Übersetzung beruht auf
der Tatsache, daß die Früchte der Sykomore (Maulbeerfeige) vor der Ernte angeritzt werden müssen, dann reifen sie innerhalb weniger Tage. Basilius setzt in seinem
Kommentar zu Jes 9,10 diese Praxis voraus, denn er
schreibt: „Die Sykomore ist ein Baum, der sehr viele
Früchte trägt. Aber sie schmecken nach nichts, außer
man ritzt sie sorgfältig und läßt ihren Saft abfließen, wo-
durch sie wohlschmeckend werden. Deshalb, glauben
wir, ist (die Sykomore) ein Symbol für die Gesamtheit
der Heiden: sie bildet eine Fülle, ist aber gleichsam fade.
Das kommt vom Leben in den heidnischen Gewohnheiten. Wenn man es fertigbringt, sie durch den Logos zu
ritzen, wandelt sie sich, wird schmackhaft und brauch-
bar."[1] Christian Gnilka kommentiert diese Stelle so: „In
diesem Symbol liegen Fülle, Reichtum, Üppigkeit des
Heidentums ... aber auch sein Mangel ... liegt darin: So
wie es ist, ist es fade, unbrauchbar. Es bedarf einer totalen Veränderung, wobei diese Veränderung die Substanz
nicht zerstört, sondern ihr die fehlende Qualität gibt ...

---

1   Basilius, In Is 9, 228 (Kommentar zu Jes 9,10) PG 30, 516 D / 517 A.
    Die Zuweisung dieses Jesaja-Kommentars an Basilius ist umstritten.
    Ich zitiere hier nach Chr. Gnilka, Chrêsis. II Kultur und Conversion
    (Basel 1993) 84, und schließe mich auch im folgenden an Gnilka an,
    dessen Buch grundlegend ist für die Frage nach Evangelium und
    Kultur.

Die Früchte bleiben Früchte; ihre Fülle wird nicht gemindert, sondern als Vorzug anerkannt ... Andrerseits kann die nötige Veränderung im Bilde kaum schärfer hervortreten als eben dadurch, daß eßbar gemacht wird, was zuvor ungenießbar war. Im ‚Abfließen‘ des Safts scheint überdies der Vorgang der Reinigung angedeutet.“[2] Noch eins kommt hinzu: Die nötige Veränderung kann nicht aus dem Eigenen des Baums und seiner Frucht kommen – ein Eingriff des Züchters, ein Eingriff von außen ist nötig. Auf das Heidentum, auf das Eigene der menschlichen Kultur angewandt, heißt dies: Der Logos selbst muß unsere Kulturen und ihre Früchte ritzen, damit das Ungenießbare gereinigt und nicht nur genießbar, sondern gut wird. Wenn wir den Text und seine Aussagen sorgsam bedenken, können wir noch eine weitere Beobachtung hinzufügen: Ja, es ist letztlich nur der Logos selbst, der unsere Kulturen zu ihrer eigentlichen Reinheit und Reife führen kann, aber der Logos bedient sich seiner Knechte, der „Maulbeerfeigenzüchter“. Der nötige Eingriff setzt Sachverstand, Kenntnis der Frucht und ihrer Reifungsprozesse, Erfahrung und Geduld voraus. Da Basilius hier von der Gesamtheit der Heiden und von ihren Gewohnheiten spricht, ist es offenkundig, daß es bei diesem Bild nicht einfach um individuelle Seelenführung geht, sondern um die Reinigung und Reifung der Kulturen, zumal das Wort „Gewohnheiten“ eines der Worte ist, die bei den Vätern mehr oder weniger unserem Begriff Kultur entsprechen. So ist in diesem Text genau das geschildert, wonach wir fragen: der Weg der Evangelisierung im Raum der Kultur, der Umgang des Evangeliums mit der Kultur. Das Evangelium steht nicht neben der Kultur. Es ist nicht bloß

---

2   Gnilka, a.a.O. 85.

dem Individuum zugewandt, sondern der Kultur, die das geistige Wachstum und Werden des einzelnen, seine Fruchtbarkeit oder Unfruchtbarkeit für Gott und die Welt prägt. Evangelisierung ist auch nicht einfach Anpassung an die Kultur, auch nicht Verkleidung mit Elementen der Kultur im Sinn eines oberflächlichen Begriffs von Inkulturation, der meint, mit ein paar neuen Elementen in der Liturgie und mit veränderten Sprachfiguren sei es getan. Nein, das Evangelium ist ein Schnitt – Reinigung, die zur Reifung und Heilung wird. Es ist ein Schnitt, der geduldiges Eingehen und Verstehen verlangt, damit er zur rechten Zeit, auf die rechte Art und in der rechten Weise geschieht, der also Einfühlung, Verstehen der Kultur von innen her verlangt, ihrer Gefährdungen und ihrer verborgenen oder auch offenen Möglichkeiten. So ist auch klar, daß dieser Schnitt „nicht Sache eines Augenblicks ist, dem dann einfach selbstverständliches Reifen folgen"[3] müßte, sondern daß ständige geduldige Begegnung zwischen dem Logos und der Kultur, vermittelt durch den Dienst der Glaubenden, nötig ist.

Mir scheint, daß damit eigentlich das Wesentliche dessen gesagt ist, was die heute geforderte Begegnung zwischen Glaube und Kultur verlangt. Damit ist auch die einseitige Vorstellung korrigiert, die wir heute weithin mit dem Begriff Inkulturation verbinden. Vielleicht ist es aber doch sinnvoll, das Gemeinte noch kurz in drei Thesen zu verdeutlichen.

1. Der christliche Glaube ist offen für alles Große, Wahre und Reine in der Kultur der Welt, wie es Paulus im Brief an die Philipper ausgedrückt hat: „Was immer

---

3   Gnilka, a.a.O. 86.

wahrhaft, edel, recht, was lauter, liebenswürdig, ansprechend ist, was Tugend heißt und lobenswert ist, darauf seid bedacht!" (4,8). Paulus bezieht sich dabei wohl vor allem auf wesentliche Elemente der stoischen Moralvorstellungen, die er dem Christentum nahekommend fand, aber überhaupt auf alles Große der griechisch-römischen Kultur. Was er in jenen Raum hinein gesagt hat, gilt universal. Wer heute evangelisiert, wird in unserer Kultur zuallererst das aufsuchen, was in ihr sich dem Evangelium öffnet und sozusagen diese „Samenkörner des Wortes" weiter zu entwickeln sich mühen. Er wird natürlich auch auf die soziologischen und psychologischen Orte Rücksicht nehmen, die heute sich dem Glauben entgegenstellen oder Aufnahmeorte für ihn werden können. Das Christentum hatte einst in einer städtischen Kultur begonnen und das Land nur langsam zu erfassen vermocht: Die Landbewohner blieben „Heiden". Es hat sich dann mit der agrarischen Kultur verbunden und muß heute wieder in den städtischen Kulturen die Orte finden, wo es wohnen kann. Die *movimenti,* die neuen Formen des Unterwegsseins zum Glauben in Wallfahrten usw., das Begegnen an den Heiligtümern, die Weltjugendtage zeigen Modelle; darüber werden die Bischofskonferenzen mit ihren Experten nachzudenken haben.

2. Der Glaube kennt die Anknüpfung, er nimmt das Gute auf, aber er ist auch Widerspruch zu dem, was in den Kulturen dem Evangelium die Türen versperrt. Er ist ein „Schnitt", wie wir hörten. Er ist darum immer auch kulturkritisch gewesen und muß es gerade auch heute furchtlos und mutig sein. Anbiederungen helfen niemandem. Hugo Rahner hat dies eindrucksvoll in seiner Dissertation über die *pompa diaboli* gezeigt: Zum Taufritus gehört ja die Absage an den „Pomp des Teufels".

Was ist das? Wovon trennte sich der Christ da? Nun, das Wort bezog sich zunächst auf das heidnische Theater, die Zirkusspiele, in denen das Abschlachten von Menschen zum lustvollen Spektakel geworden war, Grausamkeit, Gewalt, Mißachtung des Menschen Höhepunkt der Unterhaltung wurde. Aber mit dieser Absage an das Theater ist natürlich ein ganzer Kulturtypus oder besser: die Erkrankung einer Kultur gemeint, von der sich derjenige zuallererst losreißen mußte, der Christ werden wollte und der im Menschen Gottes Ebenbild zu sehen und zu leben sich mühte.[4] So ist diese Tauf-Absage Inbegriff des kulturkritischen Charakters des Christentums und ein Zeichen für den „Schnitt", um den es da geht. Wer könnte nicht die Analogie zur Gegenwart und ihren kulturellen Erkrankungen sehen?

3. Niemand lebt allein. Der Hinweis auf den Zusammenhang zwischen Evangelium und Kultur will dies verdeutlichen. Christwerden braucht einen Lebenszusammenhang, in dem sich kulturelle Heilung und Verwandlung vollziehen kann. Die Evangelisierung ist nie nur intellektuelle Mitteilung, sie ist ein Lebensprozeß, Reinigung und Verwandlung unserer Existenz, und dazu ist Weggemeinschaft nötig. Deswegen muß Katechese notwendig die Form des Katechumenats annehmen, in dem sich die nötigen Genesungen vollziehen können, in dem vor allem der Zusammenhang zwischen Denken und Leben hergestellt wird. Vielsagend ist dafür der Bericht, den Cyprian von Karthago († 258) über seine Bekehrung zum christlichen Glauben gegeben hat. Er erzählt uns, daß er sich vor seiner Bekehrung und Taufe

---

4   H. Rahner, Pompa diaboli, in: ZkTh 55 (1931) 53–108; vgl. J. Holdt, Hugo Rahner. Sein geschichts- und symboltheologisches Denken (Paderborn 1997) 67.

gar nicht vorstellen konnte, wie man überhaupt als Christ leben und die Gewohnheiten seiner Zeit überwinden könne.[5] Er gibt dabei einen drastischen Überblick über jene Gewohnheiten, der geradezu an die Satiren Juvenals erinnert, aber auch an den Kontext denken läßt, in dem heute junge Menschen aufwachsen müssen: Kann man da Christ sein? Ist das nicht eine überholte Lebensform? Wie viele fragen so, rein menschlich gesprochen wahrhaftig zurecht. Aber das Unmögliche, so erzählt uns Cyprian, wurde möglich durch Gottes Gnade und das Sakrament der Wiedergeburt, das natürlich gedacht ist an dem konkreten Ort, an dem es wirksam werden kann: in der Weggemeinschaft der Glaubenden, die einen alternativen Weg zu leben aufrichten und ihn als möglich zeigen. Da sind wir nun wieder beim Thema Kultur, beim Thema des „Schnitts". Denn Cyprian spricht ja eben von der Gewalt der „Gewohnheiten", das heißt einer Kultur, die Glauben als unmöglich erscheinen läßt. Gut hundert Jahre später rühmt Gregor von Nazianz († ca. 390) die Bekehrung Cyprians mit folgenden Worten: „Für seine Kenntnisse ... zeugen auch die Werke, deren viele und herrliche er für unsere Sache verfaßte, nachdem er, dank der Güte Gottes, ‚der alles erschafft' und ‚zum Besseren verändert' (Amos 5,8 LXX) seine Bildung herüber gebracht und die Unvernunft unter die Vernunft gebeugt hatte."[6] Gerade weil er auf dem Weg der Bekehrung, durch den Schnitt des Logos, die Kultur seiner Welt verändert hat, hat er ihr Wesentliches und Wahres „herüber gebracht". Durch den Schnitt in die Maulbeerfeige der antiken Kultur haben

---

5   Cyprian, Ad Donatum 3 (CSEL 3, 1,5); auch hier folge ich Gnilka, a.a.O. 93 f.

6   Greg. Naz. 24,7 (SC 284, 50/52); vgl. Gnilka, a.a.O. 94.

die Väter sie im Ganzen zu uns herüber gebracht und sie aus faulem Zeug in eine großartige Frucht verwandelt. Das ist die Aufgabe, die uns heute im Gegenüber zu der säkularisierten Kultur unserer Zeit gestellt ist – das ist Evangelisierung der Kultur.

Die Gestalt des Erlösers

Christus – der Erlöser aller Menschen. Die Einzigkeit und Universalität Christi und seiner Kirche

Das Bekenntnis der Kirche zu Jesus als dem Herrn

„Dominus Iesus" („Jesus ist der Herr") – mit diesen Worten beginnt das im Jahr 2000, dem großen Jubiläumsjahr der Geburt Jesu Christi aus der Jungfrau Maria veröffentlichte Dokument, mit dem die Glaubenskongregation des Heiligen Stuhls mitten in einer vom Relativismus geprägten Welt ein feierliches Bekenntnis zur Einzigkeit und Heilsuniversalität Jesu Christi und seiner Kirche ablegen wollte. Die Kongregation griff damit auf das Urbekenntnis der werdenden Kirche zurück, das Paulus in 1 Kor 12,3 überliefert hat (vgl. Röm 10,9), als ein Wort, das uns vom Heiligen Geist geschenkt wurde, Wort des Heiligen Geistes ist. Es steht für ihn als Ausdruck einer Wahrheit da, die wir nicht erfinden, sondern nur finden, nur von dem geschenkt bekommen können, der selbst das Licht und der innere Grund alles Sehens und Erkennens ist. Diese paulinische Bekenntnisformel ist in der Sache Übernahme und Wiederholung eines Bekenntnisses, das im Neuen Testament als Ursprung der christlichen Bekenntnistradition überhaupt angesehen wird – das Bekenntnis des Petrus, das in der markinischen Fassung einfach lautet: „Du bist der Christus (der Messias)" (Mk 8,29). Wie Paulus seine Bekenntnisformel als Gabe des Heiligen Geistes und nicht als Ausdruck menschlicher Interpretation ansieht, so sagt auch Jesus im matthäischen Paralleltext zum petrinischen Bekenntnis: „Nicht Fleisch und Blut haben dir das offenbart, sondern mein Vater, der im Himmel ist" (Mt 16,17). Beide Male wird so der Offenbarungscharakter des Bekenntnisses herausgehoben, in dem sich eine Erkenntnis auftut, die mehr ist als menschliche Erfahrung und ihre Deutung, nämlich eine neue,

den Menschen aus Eigenem nicht zugängliche, sondern von oben geschenkte Einsicht, eben „Offenbarung".

Die paulinische und die petrinische Bekenntnisformel unterscheiden sich in zwei Punkten. Die petrinische Form ist Anrede an Jesus, ist „Gebet"; die paulinische Formel ist ein geistgegebenes Credo, das die Gemeinde im Gottesdienst vor Gott spricht, aber doch auch vor die Welt hinstellt als Ausdruck ihrer Identität und als Kern dessen, was sie der Menschheit zu sagen hat. Dazu kommt das Zweite: der Würdetitel Christus (Messias, König), in dem Petrus – von Gott erleuchtet – das Geheimnis Jesu Christi zusammenzufassen versucht, ist der an die Gestalt Davids anknüpfenden Hoffnung des leidenden und gedemütigten Israel entnommen, es werde ein neuer David, ein endgültiger König kommen, auf den die Worte des Krönungspsalms 2 zutreffen würden: „Mein Sohn bist du. Heute habe ich dich gezeugt" (2,7). Jesus selbst hat diesen Titel vermieden, weil er – obgleich im Kern der Hoffnung Israels verankert – allzu sehr Mißdeutungen ausgesetzt war. So ist denn die einfache Markusformel des Bekenntnisses bei Lukas bereits etwas verdeutlicht durch die Hinzufügung: Du bist der Christus Gottes (Lk 9,20) und bei Matthäus ausgeweitet zu der Formel: „Du bist Christus, der Sohn des lebendigen Gottes" (Mt 16,16). Bei Paulus ist der mißverständliche Begriff Christus – Messias – ersetzt durch das Wort Kyrios – Herr –, das im griechischen Alten Testament den nicht mehr auszusprechenden Gottesnamen ersetzt und so die Identifizierung Jesu mit Gott, seine wahre Göttlichkeit, ganz klar zum Ausdruck bringt. Wie die griechische Übersetzung des Alten Testaments durch die Ablösung des Gottesnamens mit dem Wort Herr den biblischen Gottesglauben unmißverständlich in die heidnische Welt hineingetragen und den monotheistischen

Charakter dieses Glaubens gegenüber den vielen Göttern mit ihren individuellen Namen erst vollends ins Licht gesetzt hatte,[1] so ist hier ein gleicher Übertragungsvorgang zu beobachten. Der Schritt, den die griechische Version des Alten Testaments in der Klärung des Gottesgedankens vollzogen hatte, wird nun im Bereich der Christologie noch einmal getan. Es wird geklärt, was die Bezeichnung Jesu als Christus meint: eben daß er der „Herr", selbst Gott von Gott und nicht bloß ein gottbegnadeter Mensch ist.[2]

Bilder des „historischen Jesus" und ihre Herkunft

Die synoptische Überlieferung mit dem Petrusbekenntnis bei Caesaraea Philippi hilft uns, den Zusammenhang dieses christlichen Grundbekenntnisses mit unserer Gegenwart zu finden und so auch den Auftrag zu klären, vor den die Christen heute sich gestellt sehen. Nach der synoptischen Erzählung hatte Jesus die Jünger zuerst ge-

---

1 Kürzlich hat A. Schmitt an die universalierende Bedeutung der Übersetzung des Gottesnamens mit Kyrios – Herr – in der Septuaginta, dem griechischen AT erinnert: „Es ist ... die theologische Großtat der Septuagintübersetzer gewesen, Jahwe, den Gott des kleinen Volkes Israel als den großen Gott der griechisch-hellenistischen Welt, ja als Gott alles Geschehens in Geschichte und Natur durch die Wiedergabe mit Kyrios zu verbinden", in: M. Görg (Hg.), Biblische Notizen Heft 17 (München 2002). Schmitt verweist zur Sache auf A. Deissmann, Die Hellenisierung des semitischen Monotheismus, in: Neue Jahrbücher f. d. klassische Altertum, Geschichte und deutsche Literatur und für Pädagogik X (Leipzig 1903) 167–177 sowie W. W. Graf Baudissin, Kyrios als Gottesname im Judentum und seine Stelle in der Religionsgeschichte (Gießen 1928–1929, 4 Bde.).

2 Für die frühe Entwicklung des christologischen Bekenntnisses verweise ich auf den nach wie vor grundlegenden Beitrag von H. Schlier, Die Anfänge des christologischen Credo, in: H. Welte (Hg.), Zur Frühgeschichte der Christologie (Freiburg 1970) 13–58.

fragt, wofür „die Leute" ihn denn nun hielten. Die Antwort lautete: Die einen halten dich für Johannes den Täufer, andere für Elia, wieder andere für Jeremia oder einen der Propheten. Von diesen Meinungen der Leute, die aus der eigenen Interpretation des Phänomens Jesus kam, hebt sich dann die Offenbarungserkenntnis ab, die Petrus namens der Jünger ausspricht. „Die Leute" denken heute über Jesus nicht anders als damals, und soweit es nur auf unsere eigenen Ideen ankommt, sind wir alle solche „Leute". Bezeichnend ist da zum Beispiel Karl Jaspers, der Jesus neben Sokrates, Buddha und Konfuzius als einen der vier „maßgebenden Menschen" ansieht.[3] Die Meinungen, die die Menschen aus Eigenem über Jesus heute entwickeln, finden wir mit dem Aufwand wissenschaftlicher Interpretationsmethoden vor allen Dingen in den Bildern des „historischen Jesus", die die kritische Exegese seit Reimarus (1694–1768) vorgelegt hat. Zwar hatte schon zu Beginn des 20. Jahrhunderts Albert Schweitzer gesagt: „Es gibt nichts Negativeres als das Ergebnis der Leben-Jesu-Forschung … Es ist der Geschichte nicht gegeben, das Bleibende und Ewige des Wesens Jesu von den geschichtlichen Formen, in denen es sich ausgebildet hat, abzulösen".[4] Aber seine Kritik drang nicht tief genug, und so ist auch nach ihm die Konstruktion des historischen Jesus weitergegangen und hat sich an die Stelle der lebendigen Gestalt gesetzt, die freilich in der Tat nicht mit historischen Methoden allein, sondern nur im Glauben erkannt werden kann – in einem Glauben, der die Geschichte nicht beiseite schiebt, sondern erst die Augen öffnet, um sie ganz ver-

---

3   K. Jaspers, Die großen Philosophen (München 1957) 186–228.

4   Zitiert nach W. G. Kümmel, Das Neue Testament. Geschichte der Erforschung seiner Probleme (Freiburg/München 1958) 305 ff.

stehen zu können. Die Wissenschaftsgläubigkeit, die zu den Kennzeichen unserer Zeit gehört, bringt es mit sich, daß nach wie vor die wechselnden Bilder des historischen Jesus das Meinen „der Leute" formen und zugleich mit dem ganzen Anspruch der autonomen Vernunft den Zugang zum Glauben versperren. Dabei ist leicht zu erkennen, daß für die Konstruktion der Gestalt des historischen Jesus wirklich gilt, was Goethes Faust dem wissenschaftsgläubigen Wagner entgegenhält: „Was ihr den Geist der Zeiten heißt, das ist im Grund der Herren eigner Geist, in dem die Zeiten sich bespiegeln."

Da steht am Anfang des 20. Jahrhunderts das Jesusbild der liberalen Theologie, das sich in Harnacks „Wesen des Christentums" eindrucksvoll gezeichnet findet. Für Harnack ist wesentlich, daß Jesus an die Stelle des Kults die Moral setzt und an die Stelle des Kollektivs den einzelnen. Jesus ist wesentlich Individualist und Moralist: „Jesus hat immer nur den einzelnen im Auge und die stetige Gesinnung des Herzens in der Liebe."[5] „Das Evangelium ist in den Merkmalen, die wir in den früheren Vorlesungen angegeben haben, erschöpft und nichts Fremdes soll sich eindrängen: Gott und die Seele, die Seele und ihr Gott."[6] Ein halbes Jahrhundert später hat Bultmanns existentialistischer Jesus weithin das Denken bestimmt. Nur ein Zitat möge die merkwürdige inhaltliche Leere und zugleich die fromme Leidenschaft illustrieren, die sich in diesem Jesusbild ausdrückt: „In diesem Sinne ist Jesu Gottesgedanke entgeschichtlicht. Und der unter diesem Gottesgedanken gesehene Mensch ist entgeschichtlicht; d. h. das Verhältnis von Gott und

---

5 A. v. Harnack, Das Wesen des Christentums (Stuttgart 1950) 67.

6 Ebd. 85.

Mensch ist den Bindungen an die Weltgeschichte entnommen ... Für Jesus ... wird der Mensch entweltlicht durch den ihn direkt treffenden Anspruch Gottes, der ihn aus jeder Sicherheit herausreißt und ihn vor das Ende stellt. Und Gott ist entweltlicht, indem sein Handeln als eschatologisches Handeln verstanden wird: Er holt den Menschen aus den weltlichen Bindungen heraus und stellt ihn direkt vor sein Auge."[7] Moltmanns „Theologie der Hoffnung" (1966) leitet dann wieder ein neues Jesusbild ein, das ganz auf Zukunft und Verheißung ausgerichtet ist: „Christuserkenntnis wird so zur vorgreifenden, provisorischen und fragmentarischen Erkenntnis seiner Zukunft, nämlich dessen, was er sein wird."[8] Was bei Moltmann noch in großem theologischen Ernst gedacht ist, degeneriert dann bald zum marxistischen Jesus, zu Jesus dem Revolutionär, der als Kämpfer für die politische und soziale Befreiung stirbt: Jesus wird mit Barabbas bzw. Bar Kochba verwechselt.[9] Inzwischen gibt es wieder neuere Jesusbilder, die Jesus in die New-Age-Ideen einreihen und ihn von dort her gegenwärtig machen wollen.

Wie aber kommt es zu diesen Jesusbildern? Sie setzen sich aus zwei Komponenten zusammen. Die eine Komponente ist die Analyse der Evangeliumstexte mit den Mitteln historischer Kritik. In dieser Kritik ist freilich eine philosophische Voraussetzung von großer Tragweite eingebaut. Es wird nämlich vorausgesetzt, daß Geschichte grundsätzlich immer gleichartig ist und daß es daher

---

7   R. Bultmann, Theologie des Neuen Testaments (Tübingen 1958³) 25 f.

8   J. Moltmann, Theologie der Hoffnung (München 1966) 184.

9   Vgl. dazu in diesem Band den Abschnitt: Auf Christus schauen (79–102).

in ihr nur das geben kann, was aus den uns bekannten Ursachen der Natur wie des menschlichen Handelns heraus möglich ist. Abweichungen davon, also Eingriffe göttlicher Macht, die über das immer wirkende Handlungsgeflecht hinausgehen, können daher nicht historisch sein; der Historiker muß „erklären", wie es zu solchen Vorstellungen kommen konnte. Er muß aus den literarischen Formen wie aus dem Vorstellungsgefüge einer Zeit verständlich machen, wie solche Ansichten sich bilden konnten und sie in den Raum der Vernunft zurückführen. So werden diese Berichte nach der Kritik verständlich, und ihr wirklicher Gehalt kommt zum Vorschein. Dieser Voraussetzung gemäß ist es nicht möglich, daß ein Mensch wirklich Gott ist und Taten vollbringt, die göttliche Macht erfordern und den allgemeinen Ursachenzusammenhang sprengen würden. Demgemäß müssen Worte göttlichen Anspruchs, die Jesus zugeschrieben werden, und entsprechende Taten „erklärt" werden; man muß zeigen, wie sich entsprechende Berichte bilden konnten und sie auf ihren „historischen" Kern zurückführen. Von diesem Bemühen her ist ein immer schwieriger gewordenes Geflecht von Quellenhypothesen und überlieferungsgeschichtlichen Konstruktionen entstanden, das durch seine angestrengte Wissenschaftlichkeit beeindruckt, aber auch durch seine Widersprüche fragwürdig erscheint. Die Überzeugung indes, daß „die Wissenschaft" uns heute sage, daß alles, was an der Gestalt Jesu das bloß Menschliche überschreitet, historisch „erklärbar" und eben nicht wirklich historisch sei, hat sich dem öffentlichen Bewußtsein nachdrücklich eingeprägt, bis tief in die Gemeinde der Gläubigen in allen Kirchen hinein.

Bei den Bildern des historischen Jesus tritt zu dieser ersten Komponente – der historischen Methode mit ihren philosophischen Implikationen – ein zweites Element hinzu. Die Textanalysen rücken Jesus in die Vergangenheit; der Jesus der Quellenkritik spricht nicht mit uns und sagt uns nichts. Weil aber doch Jesus als gegenwärtige Gestalt gesucht wird, werden in einem zweiten Gedankengang die Ideen und Ideale einer Zeit mit dieser Gestalt verbunden. Dieses Bedürfnis ist freilich den historischen Analysen nicht einfach nachgeordnet, es wirkt prägend auf deren inneren Gang ein und ist in Wirklichkeit eine zweite philosophische Voraussetzung in der scheinbar rein historischen Arbeit selbst. Die Echtheits- oder Unechtheitserklärungen von Worten Jesu, die Bestimmung der Entwicklungsgänge und die Beurteilung der literarischen Formen hängen wesentlich davon ab, was an der Gestalt Jesu als vergegenwärtigungsfähig erscheint. Etwa von der Idee des revolutionären Jesus, des „befreiungstheologischen" Jesus her, fallen einerseits ganze Textkomplexe dahin und werden andere Elemente zentral, ja erscheinen als Andeutungen verlorenen Gutes und fordern Umdeutungen des Textbefundes heraus. Die vorausgesetzte Idee dessen, was Jesus nicht sein kann (Sohn Gottes) und dessen, was er sein sollte, werden selbst zu Instrumenten der Interpretation und lassen schließlich als Folge historischer Strenge erscheinen, was in Wirklichkeit lediglich Ergebnis philosophischer Voraussetzungen ist.

Nun ist die Voraussetzung der Gleichheit der wirkenden Ursachen als Prinzip historischer Kritik im allgemeinen durchaus berechtigt; mittelalterliche Heiligenlegenden wie alte Wundergeschichten sind auf diese Weise auf ihren wahren Kern zurückgeführt und ein realistisches Bild der geschichtlichen Ereignisse entwickelt worden. Aber die im allgemeinen berechtigte Voraussetzung, daß Berichte von Einbrüchen des ganz Anderen in den Zusammenhang der Weltgeschichte kritisch zu betrachten sind, wird dann fatal und gefährlich, wenn sie zu einem immer gültigen Ausschluß des ganz Anderen – Gottes – wird, der unsere gewöhnlichen Erfahrungen überschreitet. Aber gerade dies ist unsere Situation. Unsere Art von Wissenschaftlichkeit verbietet Gott den Zugang zur Welt. Für den Bereich der Naturwissenschaften hat J. Monod dieses Prinzip drastisch formuliert: „Grundpfeiler der wissenschaftlichen Methode ist das Postulat der Objektivität der Natur. Das bedeutet die *systematische* Absage an jede Erwägung, es könne zu einer ‚wahren' Erkenntnis führen, wenn man die Erscheinungen durch eine Endursache, d. h. durch ein ‚Projekt' deutet." Über die von ihm so definierte Objektivitätsforderung sagt er uns dann: Sie „ist ein reines, für immer unbeweisbares Postulat, denn es ist offensichtlich unmöglich, ein Experiment zu ersinnen, durch das man die Nicht-Existenz eines Projekts … beweisen könnte … Die Objektivität selbst zwingt uns aber, den teleonomischen Charakter der Lebewesen anzuerkennen und zuzugeben, daß sie in ihren Strukturen und Leistungen ein Projekt verwirklichen. Hier ist also, zumindest scheinbar, ein tiefer, erkenntnistheoretischer Widerspruch."[10] Monod hat im Bereich der Natur diesen Widerspruch durch die These aufzulösen versucht, daß das ganze Konzert der belebten Natur aus störenden Geräuschen hervorgegangen sei.[11] Einzig dem unbeweisbaren Postulat der *Nicht-Existenz* eines Projekts folgend, das er für die Grundlage aller Wissenschaftlichkeit hält, hat Monod diese unsinnige These auf sich genommen. Im Bereich der Geschichte

---

10 J. Monod, Zufall und Notwendigkeit (München 1973, französisches Original Paris 1970) 30.

11 Ebd. 149.

ist der Widerspruch wohl nicht so augenscheinlich. Aber gerade vor der Gestalt Jesu kommt man in Wirklichkeit zu einem ähnlichen Widerspruch, wenn man das „Objektivitätsprinzip", das heißt den Ausschluß jeder Möglichkeit göttlichen Handelns in der Geschichte radikal durchhalten will. Die widersprüchlichen Bilder des historischen Jesus sind im Raum der Geschichte Ausdruck der Unsachlichkeit eines über seine Grenzen hinausgetriebenen Objektivitätsprinzips. Denn nun sind es auch hier „störende Geräusche", zufällige Entwicklungen und Kombinationen, die das Geheimnis der Gestalt Jesu hervorgebracht haben, wie es das Neue Testament uns vorstellt und wie es im Glauben der Jahrhunderte zu einer Straße des Lichts für die Menschen geworden ist.

Jesus ist das Licht ...

Wenn das „Objektivitätspostulat" uneingeschränkt gilt, kann alles, was mit Gott und seinem Erscheinen in der Geschichte zu tun hat, nur in die Erfahrungen und Empfindungen des Subjekts verlegt werden. Es ist dann „subjektiv", wobei die Frage der Wirklichkeitsart unbeantwortet bleibt, die im „Subjektiven" vorliegen soll. Dann kann Jesus nicht Gott sein, sondern dann hat er eine besondere *Gotteserfahrung* gemacht. Denn unter dieser Voraussetzung gibt es kein wirkliches Handeln Gottes in der Welt und folglich auch kein wirkliches Sprechen Gottes, keine „Offenbarung" im eigentlichen Sinn. Es gibt dann nur (subjektive) Erfahrungen religiös besonders empfänglicher Menschen und rätselhafte, fragmentarische Reflexe einer Wirklichkeit, an die wir uns anzuhalten versuchen, die aber doch nicht Einbruch dieser Wirklichkeit selbst sein können. Es gibt Lichter, aber nicht das Licht, Wörter, aber nicht das Wort. In dieser Situation ist der religiöse Relativismus unausweichlich. Dann kann man sehr wohl zugeben – wie es heute auch außerhalb des Christentums geschieht –, daß Jesus eine

Gestalt großer religiöser Erfahrungen ist, ein Erleuchteter und Erleuchtender. Aber seine Erfahrung bleibt doch ein Fragment, und neben ihr stehen andere Erfahrungen, andere Erleuchtungen, die wir nie zu einem Ganzen zusammenzusetzen vermögen und die letztlich so irgendwie gleichberechtigt sind, vielleicht sich auch irgendwie ergänzen. Dann bleibt nur, aus all diesen Erfahrungen sich das jeweils dem einzelnen am meisten Zugängliche und Hilfreiche herauszusuchen: Die Subjektivität und vielleicht das Kalkül der Ergebnisse bilden dann die letzte Instanz in Sachen Religion. Jesus als den einzigen und universalen Heilbringer anzusehen, wird dann zu blanker Anmaßung.

Glaube und Nachfolge als Zugang zum wirklichen Jesus

Das eigentliche Problem auf der Suche nach Jesus, dem wirklichen Jesus, ist die Gottesfrage, oder genauer: die Abwesenheit Gottes in unserer Welt, die „Gotteskrise", wie J. B. Metz es genannt hat. Wenn wir aus ihr nicht herauskommen, werden wir auch Jesus nicht finden. Niemand kann zu Jesus kommen, wenn ihn nicht der Vater zieht, sagt Jesus im Johannesevangelium (6,44); diesen theologischen Satz kann man bis zu einem gewissen Punkt heute auch empirisch verifizieren. Wenn wir Gott den Vater kennenlernen, so wie Jesus ihn dargestellt hat, dann leuchten seine Worte plötzlich in einem ganz anderen Licht, dann wird das alles sinnvoll und glaubhaft, dann führt uns der Vater zum Sohn, wie uns vorher der Sohn zum Vater geführt hat. Wir müssen uns allen Ernstes wieder der Frage stellen: Gibt es Gott, und ist er wirklich Gott, das heißt fähig, in der Welt zu handeln und uns in Beziehung zu sich zu setzen? „Mein Vater wirkt bis heute", sagt Jesus im Johannesevangelium (5,17) und stellt sich damit dem deistischen Gottes-

65

bild entgegen, demzufolge sich Gott nach dem Big Bang zurückgezogen hat und nun nicht mehr handeln kann. Genau um diese Frage geht es: Gibt es den handelnden Gott, oder gibt es ihn nicht? Ist Gott Gott, oder ist er es nicht? Monod hat gesagt, das Objektivitätsprinzip sei das Prinzip aller Wissenschaft, aber selbst nicht mehr begründbar. Nun gut, auch die Frage, ob es einen wirkenden Gott gibt oder nicht, ist nicht mehr letztlich begründbar. Monod rechtfertigt das Objektivitätsprinzip mit seinen wissenschaftlichen Erfolgen. So steht es ganz ähnlich um den Entscheid für Gott: Er ist letztlich ein Entscheid für die Vernunft und ein Entscheid darüber, ob das Gute und das Böse, Wahrheit und Unwahrheit bloß subjektive Kategorien oder Wirklichkeit sind. In diesem Sinn steht am Anfang der Glaube, aber ein Glaube, der erst der Vernunft ihre Würde und ihre Weite gibt.

Denken und Existenz sind in den letzten Fragen für den Menschen nicht mehr zu trennen. Die Entscheidung für Gott ist eine Entscheidung des Denkens und des Lebens zugleich – beides bedingt sich gegenseitig. Augustinus hat diesen Zusammenhang in seiner Bekehrungsgeschichte dramatisch geschildert. Er spricht von den verfehlten Lebensformen eines ganz auf das Materielle gerichteten Daseins – Formen, die zu Gewohnheiten werden, Gewohnheiten, die zu Notwendigkeiten und schließlich zu Fesseln werden, ja zur Erblindung des Herzens. Er spricht von den Versuchen auszubrechen und den Weg auf Gott, den handelnden Gott, frei zu bekommen und vergleicht dies mit der Situation eines Träumenden, den sein Traum gefangenhält, der aufzuwachen und auszubrechen versucht und doch immer wieder in die Welt des Träumens zurücksinkt. Er spricht davon, daß er sozusagen sich hinter seinem eigenen Rücken versteckt hatte und davon, wie Gott ihn durch das Wort des Freundes aus seinem Versteck herausholte, so daß er sich selbst ins Gesicht sehen mußte.[12] Zu einer neuen Erkenntnis gehört ein erneuertes Leben, das unseren verschlossenen Horizont wieder öffnet. Deshalb hat die alte Kirche den Vorgang der Zuwendung zum Glauben zwar durchaus als einen intellektuellen Weg angesehen, in dem der Mensch mit der „Lehre der Wahrheit" und ihren Argumenten konfrontiert wird, aber auch eine neue Lebensgemeinschaft erhält, in der ihm neue Erfahrungen und innere Öffnungen möglich werden. Neue Formen des Katechumenats sind gerade in unserer Zeit dringend notwendig: Der Erkenntnisweg zu Gott und zu Christus ist ein Lebensweg. Biblisch ausgedrückt: Um Christus zu erkennen, ist Nachfolge nötig. Nur dann erfahren wir, wo er wohnt. Auf die Frage „Wo wohnst du?" (Wer bist du?) lautet seine Antwort immer wieder: „Kommt und ihr werdet sehen" (Joh 1,38 f.). Die Jünger konnten deshalb auf die Frage nach Jesus eine andere Antwort geben als „die Leute", weil sie in Lebensgemeinschaft mit ihm standen. Nur so werden wir – mit Platon zu sprechen – aus der „Höhle" herausgeführt, die wir für die Welt halten und die doch nur ein beschränkter Teil davon ist.[13]

„Niemand hat Gott je gesehen. Der einzige, der Gott ist und am Herzen des Vaters ruht, er hat uns Kunde gebracht", sagt das Johannesevangelium (1,18). In der Tat – niemand hat Gott gesehen. Die Schauungen der großen Erleuchteten der Religionsgeschichte bleiben doch immer Schauungen von ferne, „in Schatten und Bildern". Nur Gott kennt sich selbst ganz. Nur Gott sieht Gott.

---

12   Vgl. Confessiones VIII 5,12 und VIII 7,16.

13   Vgl. Platon, Politeia VII 514a–518d.

Und daher konnte nur der, der Gott ist, wirklich Kunde bringen von ihm und die widersprüchlichen Schauungen zur Ganzheit zusammenfügen – auch wenn freilich das in menschlichen Worte Gesagte immer nur von ferne den Glanz des uns unfaßbaren, uns blendenden Lichts der Wahrheit Gottes selbst wiedergeben kann. Aber der Unterschied zwischen dem, was der Sohn sagt, der am Herzen des Vaters ruht, und den fernen Schauungen der Erleuchteten bleibt abgründig, ist wesenhaft. Nur ER ist Gott, alle anderen tasten von ferne nach Gott. Nur er kann sagen: "Ich bin der Weg, die Wahrheit und das Leben", alle anderen mögen Stücke des Weges zeigen, aber sie sind nicht der Weg. Vor allem: In Jesus Christus sind Gott und Mensch, der Unendliche und das Endliche, der Schöpfer und das Geschöpf ineinandergefügt. Der Mensch hat Platz in Gott gefunden. Die Überschreitung des unendlichen Abstands zwischen Schöpfer und Geschöpf kann nur er selbst bewirken. Nur der, der Mensch ist und Gott ist, ist die Brücke des Seins vom einen zum anderen. Und daher ist er es für alle, nicht nur für einige. So wie die Wahrheit für alle nur eine ist, so kann auch nur Gott selbst, der Eine, die Brücke von sich selbst zu sich selbst und von sich selbst zum Menschen und zurück zu Gott sein: in der Menschheit des Sohnes.

Recht zur Mission?[14]

Aber nun steht noch einmal eine gewichtige Frage auf: Ist es nicht Anmaßung, in Sachen Religion von Wahrheit zu sprechen, gar zu behaupten, in der eigenen Religion die Wahrheit erkannt zu haben, die eine, die zwar Wahr-

---

14 Für die folgenden Ausführungen darf ich auf mein Buch „Glaube – Wahrheit – Toleranz" (Freiburg 2003) verweisen.

heitserkenntnis bei anderen nicht außer Kraft setzt, aber die versprengten Stücke zur Einheit zusammen sammelt? Heute ist es zu einem Slogan von unwiderstehlicher Durchschlagskraft geworden, diejenigen als zugleich einfältig und arrogant abzuweisen, denen man nachsagen darf, sie glaubten, die Wahrheit zu „haben". Solche Leute, so scheint es, sind dialogunfähig und letztlich nicht ernst zu nehmen. Die Wahrheit „habe" eben niemand. Wir alle könnten immer nur auf der Suche sein. Aber – so muß man dagegen fragen – was ist das für eine Suche, die nie ankommen darf? Sucht sie wirklich, oder will sie in Wahrheit gar nicht finden, weil es das Gefundene nicht geben darf? Und ist das Denken derer nicht in Wirklichkeit zur Karikatur entstellt, denen man nachsagt, daß sie meinen, die Wahrheit zu „haben"? Natürlich kann die Wahrheit keine Habe sein; das Verhältnis zu ihr muß immer demütige Annahme sein, die um die eigene Gefährdung weiß und Erkenntnis als Geschenk annimmt, dessen ich unwürdig werden kann, dessen ich mich nicht rühmen darf, als sei es meine eigene Sache. Wenn es mir gegeben ist, so ist es Verantwortung, die mich auch für den anderen in Dienst nimmt. Außerdem sagt auch der Glaube, daß die Unähnlichkeit zwischen dem von uns Erkannten und der eigentlichen Wirklichkeit in sich selbst immer unendlich größer ist als die Ähnlichkeit (DS 806). Aber diese unendliche Unähnlichkeit macht doch Erkenntnis nicht zur Nichterkenntnis, Wahrheit nicht zur Unwahrheit. Mir scheint, man müsse die Sache mit der Anmaßung umkehren: Ist es nicht Anmaßung zu sagen, Gott könne uns nicht das Geschenk der Wahrheit machen? Er könne uns die Augen nicht öffnen? Ist es nicht eine Verachtung Gottes zu sagen, wir seien nun einmal blind geboren, und Wahrheit sei nicht unsere Sache? Ist es nicht eine Degradierung des Menschen und seiner Sehnsucht nach Gott, uns nur als ewig im Dunkel Tastende anzuerkennen? Und damit geht dann Hand in Hand die wirkliche Anmaßung, daß wir eben selber Gottes Stelle einnehmen und bestimmen möchten, wer wir sind und was wir tun und aus uns und der Welt machen wollen. Im übrigen schließen sich Erkenntnis und Suchen nicht aus. Es gibt bei Gregor von Nyssa wie bei Augustinus herrliche Texte, die die Unendlichkeit von Gottes Größe herausstellen und sagen, daß alles Finden tieferes Suchen auslöst und daß es unsere ewige Freude sein wird, Gottes Antlitz zu suchen, das heißt in immer neuem freudigem Entdecken unendlich ins Unendliche hinein zu wandern und so das Abenteuer der ewigen Liebe als Antwort auf unseren Durst nach Glück zu empfangen.

Freilich, den Nichtchristen gegenüber mag unser Glaube, daß Jesus nicht ein Erleuchteter bloß, sondern der Sohn, das Wort selber ist, auf das alle anderen Erleuchtungen und alle anderen Wörter zugehen, als Anmaßung erscheinen. Um so dringlicher ist es, daß wir solche Erkenntnis nicht als unsere Leistung ansehen, sondern der Wahrheit treu bleiben, daß die Begegnung mit dem Wort auch für uns nur Geschenk ist, das uns gegeben wurde, damit wir es weitergeben, umsonst, wie wir es empfangen haben. Gott hat eine Wahl getroffen, die einen für die anderen und alle füreinander eingesetzt, und wir können nur in Demut uns als unwürdige Boten erkennen, die nicht sich selber verkündigen, sondern mit heiliger Scheu von dem sprechen, was nicht das Unsrige ist, sondern von Gott kommt.

Nur so wird auch der Missionsauftrag verständlich. Er kann nicht geistigen Kolonialismus bedeuten, Unterwerfung der anderen unter meine Kultur und meine Ideen. Das Modell der Mission ist im Weg der Apostel und der frühen Kirche, vor allem in den Sendungsreden Jesu klar vorgezeichnet. Mission verlangt zuallererst Martyriumsbereitschaft, Bereitschaft, sich selbst um der Wahrheit willen und der anderen willen zu verlieren. Nur so wird sie glaubwürdig; dies war immer wieder die Situation der Mission und wird es immer wieder sein. Denn nur dann wird der Primat der Wahrheit aufgerichtet. Und dann ist auch die Idee der Anmaßung von innen her überwunden. Die Wahrheit kann und darf keine andere Waffe haben als sich selbst. Derjenige, der glaubt, hat in der Wahrheit die Perle gefunden, für die er alles andere zu geben bereit ist, auch sich selbst. Denn er weiß, daß er im Sich-Verlieren sich findet, daß nur das gestorbene Weizenkorn die große Frucht trägt. Derjenige, der glaubt und sagen kann „Wir haben die Liebe gefunden" – der muß das Geschenkte weitergeben. Er weiß, daß er damit niemanden vergewaltigt, niemandes Identität zerstört, Kulturen nicht zerbricht, sondern zu ihrer eigenen möglichen Größe freimacht. Er weiß, daß er einer Verantwortung genügt: „Ein Zwang liegt auf mir. Wehe, wenn ich das Evangelium nicht verkünde!" (1 Kor 9,16). Lange vor Paulus hatte schon Jeremia aus ähnlicher Erfahrung heraus Ähnliches gesagt: „Das Wort des Herrn bringt mir den ganzen Tag Spott und Hohn. Sagte ich aber: Ich will nicht mehr an ihn denken und nicht mehr in seinem Namen sprechen, so war es mir, als brenne in meinem Herzen ein Feuer" (Jer 20,9). Mir scheint, daß man letztlich von hier aus auch das Gleichnis von dem feigen Knecht verstehen muß, der das Geld seines Herrn aus Angst versteckt, damit er es heil wieder zurückgeben könne, anstatt wie die anderen Knechte das Geld arbeiten und so sich vermehren zu lassen. Das uns geschenkte „Talent", der Schatz der Wahrheit, darf nicht versteckt werden, er muß kühn und mutig ausgegeben werden, damit er wirke und (wechseln wir das Bild) als

Sauerteig die Menschheit durchdringe und erneuere. Wir sind heute im Westen eifrig dabei, den Schatz einzugraben – aus Feigheit vor dem Anspruch, ihn in das Ringen unserer Geschichte hineinzustellen und dabei vielleicht zu verlieren (was schierer Unglaube ist), wie auch aus Trägheit: Wir graben ihn ein, weil wir auch selber nicht davon behelligt sein wollen – weil wir ohne die Last seiner Verantwortung ungestört unser eigenes Leben leben möchten. Aber das Geschenk der Erkenntnis Gottes, das Geschenk seiner Liebe, die uns im geöffneten Herzen Jesu anblickt, sollte uns bedrängen, damit alle Enden der Erde das Heil Gottes schauen können (Jes 52,10; Ps 98,3).

Die Stellung des Christusglaubens in der Religions- und Geistesgeschichte

Noch eine Frage ist zu stellen. Das menschgewordene Wort ist ja nicht in eine Welt hineingetreten, die schlechterdings nichts davon wußte. Es hat seine Strahlen vorausgesandt in die Welt hinein, und es hat so die Sehnsucht der Menschheit geweckt. Es ist das Licht, das jeden Menschen erleuchtet, der in die Welt kommt (Joh 1,9). Die Väter haben in diesem Zusammenhang von den „Samenkörnern des Wortes" gesprochen, die sie in der vorchristlichen Welt gesucht und gefunden haben. Dieser Begriff ist heute zu Recht zu einem Zentralgedanken bei der Suche nach der rechten Verhältnisbestimmung zwischen christlichem Glauben und Weltreligionen geworden. Wenn man ihm allerdings genauer nachgeht, stößt man auf etwas Unerwartetes, das – soweit ich sehen kann – fast in allen einschlägigen Arbeiten ausgeblendet wird. Die Väter haben die Samenkörner des Wortes nicht in den Religionen der Welt gefunden, sondern in der Philosophie, das heißt im Prozeß der kritischen Vernunft gegen die Religionen, in der Geschichte der voranschreitenden Vernunft, nicht in der Religionsgeschichte.[15] Dort sahen die Väter die eigentliche Vorgeschichte des Christentums – dort, wo der Mensch aus Gewohnheiten und Überlieferungen aufgebrochen ist zum Logos, das heißt zum Verstehen der Welt und des Göttlichen aus der Kraft der Vernunft heraus. In diesem Sinn haben die Väter das Christentum nicht primär dem Bereich der Religion zugeordnet, nicht als eine der Religionen betrachtet, sondern es dem Prozeß der unterscheidenden Vernunft zugeordnet. Dabei ist in Klammern anzumerken, daß der Allgemeinbegriff „Religion", mit dem wir heute die vielfältigsten Phänomene und unter anderem auch das Christentum benennen, erst im Lauf der Neuzeit gebildet wurde und als solcher eine problematische Verallgemeinerung darstellt, die schon in sich fragwürdige Vorentscheidungen enthält.[16] Der Eigenart des christlichen Glaubens und seiner spezifischen Stellung in der Geistesgeschichte der Menschheit kommt man nicht nahe, wenn man diesen Sachverhalt überspringt. Das Christentum stellt sich in seinen Ursprüngen auf die Seite der um der Wahrheitssuche willen religionskritischen Vernunft und sieht sich primär von ihr vorbereitet.

Das bedeutet nun freilich nicht, daß es sich einfach als Philosophie gegen die Religionen einstufte, obwohl die Selbstbezeichnung des Christentums als wahre Philoso-

---

15 Vgl. dazu neben meinem in Anm. 14 genannten Buch bes. auch M. Fiedrowicz, Apologie im frühen Christentum (Paderborn 2000[2]).

16 Vgl. dazu das dreibändige Werk von E. Feil, Religio I–III (Göttingen 1986, 1997 und 2001) sowie die ausführliche Erörterung des Werkes durch G. Wenz, Neues zur Gretchenfrage. Ernst Feils Untersuchungen zur Geschichte des Religionsbegriffs, in: HK 57 (2003) 359–364.

phie zu den Grundlagen der alten Kirche gehört. Trotzdem irrte Karl Barth, wenn er behauptete, daß das Christentum überhaupt nichts mit Religion zu tun habe, so daß die ihm folgende Mode das „religionslose Christentum" postulierte und schließlich auch den „Tod Gottes" in ihr Repertoire aufnehmen konnte. Nein, das Christentum hat in Formen der Gottesverehrung, in der Gestalt der Liturgie und in vielen Formen der Lebensführung (Mönchtum!) an die Religionen anknüpfen können, sich auch von den Orten her in die Kultkontinuität mit ihnen hineingestellt, gleichzeitig mit der Erneuerung der Inhalte, die es brachte. Das eindrucksvollste Beispiel solcher Kontinuität in der Verwandlung ist das Bild Unserer Lieben Frau von Guadalupe. Ihre Verehrung beginnt an dem Ort, an dem vorher ein bedeutendes Bild „unserer verehrten Mutter Frau Schlange", einer wichtigen heimischen Göttin gestanden hatte. Aber daß sie ihr Gesicht ohne Maske zeigt, bedeutet, „daß sie keine Göttin ist, sondern eine Mutter des Erbarmens; denn die indianischen Götter trugen eine Maske. Dieses wird durch das Symbol der Sonne, des Mondes und der Sterne weitergeführt und vertieft. Sie ist größer als die einheimischen Götter, weil sie die Sonne verdeckt, jedoch nicht auslöscht. Die Frau ist mächtiger als die höchste Gottheit, der Sonnengott. Sie ist mächtiger als der Mond, da sie auf ihm steht, ihn aber nicht zertritt".[17] In den Formen und Symbolen, mit denen sie erscheint, ist der ganze Reichtum der vorangehenden Religionen aufgenommen und zur Einheit geführt von einer neuen Mitte aus, die von einer neuen Höhe herkommt. Sie steht sozusagen über den Religionen, zertritt sie aber nicht. Guadalupe ist so in vieler Hinsicht ein Bild für das Verhältnis des

---

17 H. Rzcepkowski, Guadalupe, in: R. Bäumer/L. Scheffczyk (Hg.), Marienlexikon III, 38–42, Zitat 40.

Christentums zu den Religionen: Alle ihre Ströme fließen in ihr zusammen, werden gereinigt und erneuert, aber nicht vernichtet. Es ist auch ein Bild für das Verhältnis der Wahrheit Jesu Christi zu den Wahrheiten der Religionen: Die Wahrheit zerstört nicht, sie reinigt und eint.

Das Christentum gehört nicht einfach in die Geschichte der Religionen, aber es gehört selbstverständlich auch nicht einfach in die Geschichte der Religionskritik, des sich selbst genügenden Verstandes. Die Väter haben bei ihrer Rede von der Vernünftigkeit des Christentums zwischen *ratio*, dem bloßen Verstand, und *intellectus*, der geistigen Sehfähigkeit des Menschen, unterschieden, die weiter reicht als der bloße Verstand. Eben das ist das Wesen von Weisheit – von Glaube, der Weisheit ist –, daß sie die Verengung des bloßen Verstandes aufsprengt und das weite Sehen wieder zu Kräften bringt, zu dem der Mensch berufen ist. Für den christlichen Glauben ist es kennzeichnend, daß er auf eine ganz neue Weise Vernunft und Religion zueinander in Beziehung setzt, um so den Menschen auf die Wahrheit auszurichten und Religion nicht in Gewohnheit versinken zu lassen, sondern unter dem Anspruch der Wahrheit zu leben.

Deswegen kann man als Christ niemals einfach sagen, jedermann solle eben in der Religion leben, die ihm durch seine geschichtlichen Umstände zugefallen ist, weil alle je auf ihre Weise Heilswege seien. So macht man die Religion in der Tat zur bloßen Gewohnheit und schließt sie ab von der Wahrheit. Sie endet dann im Bereich der Psychologie (subjektive Erfahrungen und Einstellungen) und der Soziologie (rituelle Gestaltung der gemeinschaftlichen Ordnungen), aber sie öffnet den Menschen nicht. Und vor allem: Sie führt die Menschen nicht zueinander, sondern haust sie gerade in den we-

der allen Menschen Wege erleuchtet.

-sentlichen Fragen des Menschseins in ihre jeweiligen Überlieferungen ein und trennt sie daher voneinander. Der Aufbruch zum christlichen Glauben ist möglich geworden, weil es in Israel Menschen des suchenden Herzens gab, die mit den geläufigen Gewohnheiten nicht zufrieden waren, sondern nach Größerem Ausschau hielten: Maria, Elisabeth, die Zwölf und all die anderen, die im Neuen Testament erscheinen. Die Heidenkirche ist möglich geworden, weil es sowohl im Mittelmeerraum wie im Vorderen und Mittleren Asien, wohin die Missionare kamen, wartende Menschen gab, die sich nicht mit dem Vorgefundenen begnügten, sondern den Stern suchten, der sie den Weg zum wahren Retter der Welt weisen sollte. Die Rede vom einzigen und universalen Heilsmittler Jesus Christus schließt keinerlei Verachtung der anderen Religionen ein, aber sie setzt sich entschieden der Resignation der Wahrheitsunfähigkeit und der bequemen Statik des Alles-bleiben-Lassens entgegen. Sie appelliert an die allen Menschen eingesenkte Sehnsucht des Herzens, an die Sehnsucht, die auf das Größere, auf Gott selbst, auf die gemeinsame Wahrheit wartet. Dies geht übrigens auch die Christen an: Auch sie dürfen sich nicht mit einem Gewohnheitschristentum, mit bloßem Ritualismus und hergebrachten Gewohnheiten begnügen. Auch sie müssen immer wieder die Gewohnheit aufbrechen, um der Wahrheit zu begegnen, die in Jesus Christus Fleisch angenommen hat.[18]

---

18 Bei den Kirchenvätern erscheint „Gewohnheit" geradezu als Synonym zu Heidentum. J. Holdt beschreibt im Anschluß an H. Rahner die Auffassung des Clemens v. Alexandrien dazu so: „‚Synetheia' (= Gewohnheit) ist der Inbegriff des alten Heidnischen ... Die christliche Wahrheit ist hart und bitter wie eine Arznei, die ‚Gewohnheit' ist süß und kitzelnd. Der Glaube macht frei, die Gewohnheit ‚knechtet und fesselt'" (J. Holdt, Hugo Rahner. Sein geschichts- und symboltheologisches Denken [Paderborn 1997] 119). Vgl. auch Chr. Gnilka, Chrêsis. II Kultur und Konversion (Basel 1993) 116 f. u. ö.

Christus und die Kirche

Mit alledem habe ich versucht, auf die Herausforderung des Themas „Die Einzigkeit und Universalität des heilbringenden Christus" zu antworten. Aber unser Thema ist zweiteilig. Es fügt hinzu: und der Kirche; es entspricht damit der Zweiteiligkeit der Erklärung *Dominus Iesus*. So müßte nun eigentlich noch ein zweiter Vortrag folgen, der dem Thema Kirche gewidmet wäre. Das würde aber den hier vorgegebenen Rahmen sprengen. Vielleicht ist das aber auch nicht ganz so schlimm. Denn wenn die Einzigartigkeit Jesu Christi erkannt und angenommen ist, dann ergibt sich der Weg zur Kirche ganz von selbst. Zwar ist die Kongregation für die Glaubenslehre vielfach heftig dafür getadelt worden, daß sie ihrem Zeugnis für die Einzigkeit Jesu Christi noch einen ekklesiologischen Teil hinzugefügt hat; man sah darin einen ökumenischen Störfall oder gar einen „Betriebsunfall". Aber wer von Jesus Christus als dem Heilsmittler für alle, also auch für alle Zeiten redet, kann davon gar nicht schweigen, daß und wie Christus in der Geschichte immerfort im Präsens anwesend ist und nicht in der Vergangenheit stehenbleibt. Dieses christologische Präsens aber heißt Kirche. Kirche beruht darauf, daß Christus immerfort seine Verheißung einlöst: „Siehe, ich bleibe bei euch alle Tage, bis zum Ende der Welt" (Mt 28,20). Dieses Bleiben geschieht so, daß er sich immer einen Leib schafft, in dem er immerfort Menschen sammelt, in denen seine Leibhaftigkeit weitergeht. Er ist eben nicht nur der Christus gestern, sondern ist Christus heute und in Ewigkeit (Hebr 13,8). Wenn er aber einer ist, dann kann dieser „Leib" nur wiederum einer sein – trotz der Zerrissenheit, in der er empirisch erscheint. Und diese Einheit kann dann nicht Utopie sein oder ins Eschatologische verlegt werden, sie muß dann auch in der Geschichte selbst sozusagen körperlich, eben leibhaft, da sein. Wenn es wiederum wahr ist, daß alles Heil mit ihm zu tun hat (in welcher Weise auch immer) und daß die Kirche von ihm nicht abtrennbar ist, dann ist klar, daß diese Kirche an seiner universalen Mittlerschaft teilhat und daß in jeder Beziehung zu ihm irgendwie auch die Kirche enthalten ist. Ich möchte schließen mit dem großen Christushymnus des Kolosserbriefes, in dem die weltumspannende Größe Christi, sein Gottsein und seine Menschheit wie seine allumfassende Heilsmittlerschaft einzigartig ausgesprochen ist: „Dankt dem Vater mit Freude! Er hat euch fähig gemacht, Anteil zu haben am Los der Heiligen, die im Licht sind. Er hat uns der Macht der Finsternis entrissen und aufgenommen in das Reich seines geliebten Sohnes. Durch ihn haben wir die Erlösung, die Vergebung der Sünden. Er ist das Ebenbild des unsichtbaren Gottes, der Erstgeborene der ganzen Schöpfung. Denn in ihm wurde alles erschaffen, im Himmel und auf Erden, das Sichtbare und das Unsichtbare ... alles ist durch ihn und auf ihn hin geschaffen. Er ist vor aller Schöpfung, in ihm hat alles Bestand. Er ist das Haupt des Leibes, der Leib aber ist die Kirche. Er ist der Ursprung, der Erstgeborene der Toten; so hat er in allem den Vorrang" (Kol 1,12–18). Fügen wir mit dem zweiten Petrusbrief als unsere Antwort hinzu: „Ihm – Christus – gebührt die Herrlichkeit, jetzt und bis zum Tag der Ewigkeit. Amen" (3,18).

Auf Christus schauen.
Die Gestalt Christi im Spiegel der Versuchungsgeschichte

Vorüberlegung über den bleibenden Sinn des Jubiläumsjahres 2000

Von seinem ersten Rundschreiben *Redemptor hominis* (1978) an hat Papst Johannes Paul II. auf das große Christusjubiläum des Jahres 2000 vorbereitet, ihm inneres Gewicht zu geben versucht. 1994 hat er ein Apostolisches Schreiben – *Tertio millennio adveniente* – ganz der Vorbereitung des Jubiläums gewidmet und schließlich mit dem schönen Text *Novo millennio ineunte* 2001 dessen bleibende Bedeutung darzustellen sich gemüht. Trotz allem scheint das große Jubiläum heute schon wieder fast vergessen. Hat es uns weiter noch etwas zu sagen?

Die folgenden Überlegungen habe ich zu Beginn der Fastenzeit 1997 in der Lateranbasilika zu Rom vorgetragen als Auftakt zu den Bemühungen der Diözese Rom um eine rechte Vorbereitung auf das Heilige Jahr. Beim Wiederlesen nach sechs Jahren fand ich, daß sie auch als Antwort auf die eben gestellte Frage taugen: Sie können – so scheint mir – helfen, zu verstehen, was die bleibende Botschaft des großen Christusfestes ist, das wir „Heiliges Jahr" nennen. Einen ersten Einstieg bietet das Wort von *Tertio millenio ineunte*, das Jubiläum sei wesentlich als Reinigung und Erneuerung unseres Gedächtnisses zu verstehen. Reinigung des Gedächtnisses ist erforderlich, damit Neues werden, damit Zukunft sich öffnen kann und zugleich in der Zeit und aus der Zeit Türen zum Ewigen aufgehen. Zeit wird für uns als eine in allem Vergehen zusammenhängende Wirklichkeit nur durch das Gedächtnis wahrnehmbar. Im Gedächtnis ist

Vergangenheit als Gegenwart verwahrt. Was überhaupt Gegenwart für uns bedeutet, hängt von unserem Gedächtnis ab, das größere oder geringere Zeiteinheiten als mein Jetzt, als unsere Zeit zusammenfügt und so auch gestattet, Zukunft zu planen, Entscheidungen ins Kommende hinein zu fällen. Die Zukunftsfähigkeit des Menschen hängt davon ab, welche Wurzeln er hat, wie er Vergangenheit in sich aufzunehmen und von da aus Maßstäbe des Handelns und des Urteilens zu bilden vermag. Gedächtnis kann vergiftet sein durch Haß, durch Enttäuschung, durch falsche Hoffnung, durch eingewurzelte Lüge. Dann kann rechte Zukunft nicht wachsen. Gedächtnis kann oberflächlich, kurzsichtig sein, und auch dann ist es der Lüge und der Verführung offen, und wiederum ist Zukunft gefährdet.

Deshalb tut immer wieder Reinigung des Gedächtnisses not, damit es wie klares Wasser den Grund sichtbar machen und die Spiegelung der Sonne, des Lichtes von oben in sich aufnehmen kann. Dazu dient das große Jubiläum, in dem wir zunächst einmal einfach auf den Grund unserer Zeitrechnung zurückschauen. Atheistische Regimes, die von Christus nicht reden wollen und sich doch der abendländischen Zeitrechnung nicht entziehen können, ersetzen das Wort „vor Christi Geburt", „nach Christi Geburt" durch Formeln wie „vor und nach der Zeitenwende" oder ähnliches. Aber verstärkt das nicht erst die Frage: Was hat sich da gewendet? Wieso ist da ein Anfang einer neuen Geschichte, so daß von dorther die Zeit für uns neu beginnt? Wieso zählen wir die Zeit nicht mehr nach der Gründung Roms, nach Olympiaden, nach Herrscherjahren oder auch nach der Erschaffung der Welt? Geht uns dieser Anfang vor 2000 Jahren noch an? Trägt er uns? Was sagt er uns? Oder ist dieser Anfang für uns bedeutungslos geworden, nur

noch eine technische Konvention, die wir aus rein prag-
matischen Gründen beibehalten? Aber was orientiert
dann unsere Geschichte? Ist sie wie ein Schiff, das eigentlich keinen Kurs hat und nun eben weiterfährt in
der Hoffnung, daß es doch irgendwo ein Ziel geben
wird?

Die Fragen, die das Jahr 2000 stellt, gehen keineswegs
nur den Christen an, aber ihn doch auf besondere
Weise. Dieses Jubiläum muß uns veranlassen, neu nach
dem geheimnisvollen Anfang zu fragen, der sich der Geschichte so stark eingeprägt hat, daß sie ihn überhaupt
als den Anfang ansah, von dem her wir leben, zugleich
als das Ziel, auf das wir zugehen. Denn Christus als den
Anfang glauben, bedeutet keineswegs, daß nun alles
Wesentliche in der Vergangenheit liege. Dieser Eindruck,
als ob Christentum wesentlich eine Religion der Vergangenheit sei, für die allein die Vergangenheit normativ
wäre und alle kommende Zeit an ein Vergangenes ge-
kettet sein müßte – diese Vorstellung hat sich durch
einen falschen Begriff von Offenbarung und ihrem Abschluß mit dem Tod der Apostel immer mehr den
Menschen aufgedrängt und mit zum Abschied vom Christentum beigetragen. Wenn man Offenbarung als eine
Anzahl von übernatürlichen Mitteilungen auffaßt, die in
der Zeit des Wirkens Jesu ergangen und mit dem Tod
der Apostel endgültig abgeschlossen wurden, dann ist
Glaube in der Tat praktisch nur als Bindung an ein in
der Vergangenheit gebautes Gedankengebäude zu verstehen. Aber dieser historistische und intellektualistische
Begriff von Offenbarung, der sich in der Neuzeit allmählich herausgebildet hat, ist durchaus falsch. Denn
die Offenbarung ist nicht eine Anzahl von Sätzen – die
Offenbarung ist Christus selbst: *Er* ist der Logos, das allumfassende Wort, in dem Gott sich selbst aussagt und

das wir darum den Sohn Gottes nennen. Dieser eine Logos hat sich freilich in normativen Worten mitgeteilt, in denen er sein Eigenes vor uns hinstellt. Aber *das* Wort ist immer größer als *die* Wörter und ist in den Wörtern nie ausgeschöpft. Im Gegenteil: die Wörter nehmen an der Unerschöpflichkeit des Wortes teil, sie erschließen sich von ihm her und wachsen daher gleichsam mit dem Begegnen aller Generationen: Die göttlichen Worte wachsen mit den Lesenden, sagt Gregor der Große.[1] Von da aus versteht man die weite Spannung der Christologie und des Offenbarungsgedankens, die sich im Johannesevangelium findet: „Noch vieles hätte ich euch zu sagen, aber ihr könnt es noch nicht tragen. Wenn aber jener kommt, der Geist der Wahrheit, wird er euch in alle Wahrheit einführen. Er wird nicht von sich aus sprechen, sondern was er hört, wird er sagen, und das Künftige wird er euch verkünden" (Joh 16,12 f.). Johannes hat in seinem Evangelium eine erste Theologie des Gedächtnisses entwickelt: Gedächtnis ist nicht ein mechanischer Aufbewahrungsort für eingespeicherte Informationen wie der Computer: Das ist es auch, aber viel mehr als das. Indem darin das Aufbewahrte mit Neuem zusammentrifft, empfängt auch das Vergangene Licht, und nun wird in ihm entdeckt und erkennbar, was vorher überhaupt nicht zu sehen war. Es bleibt das Gleiche, und es wächst doch. Wir entdecken immer mehr das Wort in den Wörtern, und so ist es immer die gleiche Offenbarung, aber sie enthüllt und öffnet sich doch in ihrer Fülle Generation um Generation, ja, im eigenen Leben neu in jeder Gegenwart. Gott hat uns in Christus seinen Sohn, sich selbst, sein ganzes Wort gegeben. Mehr konnte er nicht schenken. *Insofern* ist die Offenbarung

---

1 Zitiert im Katechismus der Katholischen Kirche Nr. 94.

abgeschlossen. Aber weil dieses Wort Gott selber ist und alle Wörter in das Wort verweisen, deshalb ist sie nie nur Vergangenheit, sondern immer Gegenwart und Zukunft und immer zugleich Verankerung unseres Lebens in der Ewigkeit wie Öffnung auf sie hin – die Gewähr des wirklichen Lebens, das stärker ist als der Tod. Deswegen ist Christus der Gekommene und der Kommende zugleich. Deshalb glauben wir an den schon gekommenen Erlöser und erwarten ihn doch zugleich: Maranatha!

Das große Jubiläum war falsch verstanden und mußte in Enttäuschung enden, wenn man es mit phantastischen Spekulationen einer Zeitenwende verband oder Katastrophenängste schürte. Es war aber auch falsch verstanden, wenn man dabei nur Vergangenes zu feiern meinte, wie es bei großen Gedenkfesten geschieht. Das Christusfest 2000 unterscheidet sich dadurch von den üblichen Jubiläen, daß es mit allen drei Dimensionen der Zeit und mit der Hoffnung auf Ewigkeit zu tun hatte. Es bedeutete gewiß, an den gekommenen Christus zu erinnern und ihn näher kennenzulernen. Aber es bedeutet damit auch, den bleibenden und tragenden Grund unseres Lebens und unserer Geschichte wieder zu sehen und sich ihm neu zu öffnen. Es bedeutet so, Orientierung für die Zukunft zu gewinnen und zugleich den Kerker der Zeit aufzubrechen: den Zugang zum Bleibenden zu finden. Deshalb hatte der Papst ganz praktisch als besondere Aufgabe des Christusjahres 1997 angegeben, „im Verlauf dieses Jahres mit neuem Interesse zur Bibel zurückkehren" und die „Wiederentdeckung der Taufe als Grundlage der christlichen Existenz" zu suchen.[2]

---

2 Apostolisches Schreiben Tertio millennio adveniente Nr. 40 und 41.

Die Geschichte von der Versuchung Jesu als Spiegel seiner Gestalt

Ich möchte nun an einem einzigen biblischen Text zu zeigen versuchen, wie wir darin Christus entdecken, unseren Blick auf ihn richten und dabei die Richtung des rechten Lebens und so der Geschichte überhaupt finden können. Die Auslegung soll gleichsam in dem eben dargestellten Sinn so etwas wie eine Öffnung des christlichen Gedächtnisses sein, das von dem Blick auf Christus her unseren Blick reinigt und uns recht zu sehen hilft.

Ich habe dafür den Text ausgewählt, der schon seit dem alten Christentum am Beginn der Quadragesima (österliche Bußzeit) steht und uns mit seinem abgründigen Geheimnis immer wieder neu anrührt: die Geschichte von der Versuchung Jesu, die ich hier – der alten liturgischen Tradition folgend – in der Version von Matthäus (4,1–11) zur Betrachtung vorlegen möchte.

Die Versuchungsgeschichte folgt der Erzählung von der Taufe Jesu, in der das Geheimnis von Tod und Auferstehung, von Sünde und Erlösung, von Sünde und Vergebung vorgebildet ist: Jesus steigt hinunter in die Tiefe des Jordan. Das Untergetauchtwerden im Fluß ist ein symbolisch dargestellter Todesvorgang. Ein altes Leben wird begraben, damit das neue auferstehen könne. Weil Jesus selbst ohne Sünde ist, kein altes Leben zu begraben hat, darum ist das Annehmen der Taufe eine Vorwegnahme des Kreuzes, es ist Hineintreten in unser Schicksal, Annehmen unserer Sünden und unseres Todes. Im Moment, in dem er heraufsteigt, reißt der Himmel auf, und aus ihm ertönt die Stimme, mit der der Vater ihn als seinen Sohn anerkennt. Der geöffnete Himmel ist ein Zeichen dafür, daß dieses Hinabsteigen in unsere Nächte den neuen Tag öffnet und durch diese Identifizierung des Sohnes mit uns die Wand zwischen Gott und dem Menschen aufgebrochen wird: Gott ist nicht mehr der Unzugängliche; in der Tiefe des Todes und unserer Sünden sucht er uns und trägt uns neu ans Licht. Insofern nimmt die Taufe Jesu das ganze Drama seines Lebens und Sterbens voraus und erklärt es uns zugleich.

In ähnlichem Sinn ist die Versuchungsgeschichte eine Antizipation, ein Spiegel des Geheimnisses von Gott und Mensch, des Geheimnisses Jesu Christi. In ihr setzt Jesus dieses Hinabsteigen fort, das er schon im Augenblick der Menschwerdung begann, in der Taufe öffentlich sichtbar gemacht hat, das ihn bis ans Kreuz und ins Grab, in die Scheol, die Welt der Toten führen wird. Aber in ihr geschieht auch immer neu das Aufsteigen, das den Aufstieg des Menschen aus seiner Tiefe und über sich selbst hinaus eröffnet und ermöglicht. Die vierzig Tage des Fastens Jesu in der Wüste erinnern zunächst an die vierzig Tage, die Mose auf dem Berg Sinai fastend verbrachte, ehe er das Wort Gottes, die heiligen Bundestafeln empfangen durfte. Sie mögen auch erinnern an die rabbinische Erzählung, wonach Mose auf dem Weg zum Berg Horeb vierzig Tage und Nächte weder Speise noch Trank zu sich nahm und sich durch den Anblick und die Rede des ihn begleitenden Engels nährte. Sie erinnern uns des weiteren an die vierzig Wüstenjahre Israels, die die Zeit seiner Versuchung wie die Zeit besonderer Gottesnähe waren.[3] Die Väter haben in der Zahl vierzig das Zahlensymbol der menschlichen Geschichtszeit überhaupt gesehen und so auch die vierzig Tage Jesu in der Wüste als Spiegelung aller mensch-

---

3   Vgl. dazu J. Gnilka, Das Matthäusevangelium I (Freiburg 1986) 86f.

lichen Geschichte betrachtet. Die Versuchung Jesu konnte so schließlich auch als Aufnahme und Überwindung der Urversuchung Adams verstanden werden. In der Tat: Der Hebräerbrief betont mit großem Nachdruck, daß Jesus mit uns mitfühlen kann, weil er in allem wie wir in Versuchung geführt worden ist, aber freilich nicht gesündigt hat (Hebr 4,15; vgl. 2,18). Das Versuchtwerden ist wesentlicher Teil seines Menschseins, seines Hinabsteigens in die Gemeinschaft mit uns, in die Tiefe unserer Not.

Wichtig ist auch zu beachten, daß die hier in großen Bildern dargestellten Versuchungen uns konkret in einzelnen Etappen des Lebens Jesu wieder begegnen. Nach der Brotvermehrung sieht Jesus, daß die Massen ihn zum König machen möchten und flieht – auf den Berg, er allein (Joh 6,15). In ähnlicher Weise entzieht er sich den Versuchungen, die ihn auf Wunder festlegen, ihn an der Verkündigung hindern wollen, die seine eigentliche Sendung ist (vgl. Mk 1,35–39). Und als Petrus nach dem Bekenntnis zur Gottessohnschaft Jesu ihn vom Weg zum Leiden abhalten will, sagt der Herr zu ihm das Wort, das wir hier auf dem Höhepunkt und Schlußpunkt der Versuchungsgeschichte hören: Weg von mir, Satan (Mk 8,33). So faßt die Versuchungsgeschichte das Ringen Jesu insgesamt zusammen: Es geht um das Wesen seines Auftrags, aber es geht dabei zugleich ganz allgemein um die rechte Ordnung des menschlichen Lebens, um den Weg des Menschseins, um den Weg der Geschichte. Es geht letztlich darum, worauf es im Menschenleben ankommt. Dieses Letzte, dieses Entscheidende ist der Primat Gottes. Der Kern aller Versuchung ist das Beiseiteschieben Gottes, der neben allem Vordringlichen unseres Lebens als Frage zweiter Ordnung erscheint. Sich selber, die Bedürfnisse und Wünsche des Augenblicks wichtiger zu nehmen als ihn, das ist die Versuchung, die uns immer bedroht. Denn darin wird Gott das Gottsein abgesprochen, und wir machen uns selbst oder vielmehr die uns bedrohenden Mächte zu unserem Gott.

Die erste Versuchung – das Brot und das Heil

Aber sehen wir nun die Versuchungen einzeln an. Nach vierzig Tagen Fasten hungert Jesus. Das elementare leibliche Bedürfnis nach Nahrung wird zum Ansatzpunkt der Versuchung. Aber da verbirgt sich noch etwas anderes. Die beiden ersten Versuchungen beginnen mit dem Wort: „Wenn du der Sohn Gottes bist ..." Wir werden dieses Wort wieder von den Spöttern unter dem Kreuz hören: „Wenn du der Sohn Gottes bist, dann steig doch herab vom Kreuz" (Mt 27,40). Das ist Verhöhnung, aber zugleich Herausforderung: Christus soll den Beweis für seinen Anspruch antreten, um glaubhaft zu werden. Diese Beweisforderung geht durch die ganze Lebensgeschichte Jesu hindurch, in der ihm immer wieder vorgehalten wird, daß er sich nicht genügend ausgewiesen habe, daß er doch das große Wunder tun müsse, das alle Zweideutigkeit und allen Widerspruch aufhebt und für jeden unbestreitbar klarstellt, wer und was er ist oder nicht ist. Und diese Forderung halten wir doch Gott und Christus und seiner Kirche die ganze Geschichte hindurch entgegen: Wenn es dich gibt, Gott, dann mußt du dich eben zeigen. Dann mußt du die Wolke deiner Verborgenheit aufreißen und uns die Klarheit geben, auf die wir Anspruch haben. Wenn du, Christus, wirklich der Sohn bist und nicht einer der Erleuchteten, wie sie immer wieder in der Geschichte auftraten, dann mußt du es eben deutlicher zeigen, als du es tust. Und dann mußt du deiner Kirche, wenn sie schon die deine sein soll, ein anderes Maß an Eindeutigkeit geben, als es ihr in Wirklichkeit eignet.

Wir werden auf diesen Punkt bei der zweiten Versuchung zurückkommen, deren eigentliches Zentrum er bildet. Der Gottesbeweis, den der Versucher bei der ersten Versuchung vorschlägt, besteht darin, die Steine der Wüste zu Brot zu machen. Zunächst geht es um den Hunger Jesu selbst – so hat Lukas es gesehen: „Sag zu diesem Stein, daß er Brot wird" (Lk 4,3). Aber Matthäus versteht die Versuchung weiträumiger, so wie sie dann schon zu Lebzeiten des irdischen Jesus und die ganze Geschichte hindurch immer wieder an ihn herangetragen wurde und herangetragen wird. Was ist tragischer, was widerspricht mehr dem Glauben an einen guten Gott und dem Glauben an einen Erlöser der Menschen als der Hunger in der Menschheit? Muß es nicht der erste Ausweis des Erlösers vor der Welt und für die Welt sein, daß er ihr Brot gibt und daß aller Hunger endet? In der Zeit der Wüstenwanderung hatte Gott das Volk Israel durch Brot vom Himmel, durch das Manna ernährt. Darin glaubte man ein Bild der messianischen Zeit erkennen zu dürfen: Mußte nicht und muß nicht der Erlöser der Welt sich dadurch ausweisen, daß er allen zu essen gibt? Ist nicht das Problem der Welternährung und allgemeiner: das soziale Problem der erste und eigentliche Maßstab, an dem Erlösung gemessen werden muß? Kann jemand zu Recht Erlöser heißen, der diesem Maßstab nicht genügt? Der Marxismus hat genau dies – höchst begreiflicherweise – zum Kern seiner Heilsverheißung gemacht: Er werde dafür sorgen, daß aller Hunger endet und daß die „Wüste zu Brot wird" ...

„Wenn du der Sohn Gottes bist ..." – welche Herausforderung. Und muß man nicht dasselbe zur Kirche sagen: Wenn du Kirche Gottes sein willst, dann kümmere dich zuallererst um Brot für die Welt – das andere kommt hernach. Es ist schwer, auf diese Herausforderung zu antworten, gerade weil uns der Schrei der Hungernden so sehr in die Ohren und in die Seele dringt und dringen muß. Die Antwort Jesu kann man von der Versuchungsgeschichte allein her nicht verstehen. Das Brot-Thema durchdringt das ganze Evangelium und muß in seiner ganzen Erstreckung gesehen werden. Es gibt noch zwei weitere große Brotgeschichten im Leben Jesu. Da ist die Brotvermehrung für die Tausende, die dem Herrn in die Einsamkeit gefolgt sind. Warum wird nun getan, was vorher als Versuchung zurückgewiesen worden war? Die Menschen waren gekommen, um Gottes Wort zu hören und hatten alles andere dafür liegengelassen. Und so, als Menschen, die ihr Herz für Gott und füreinander geöffnet haben, können sie das Brot in der rechten Weise empfangen. Zu diesem Brotwunder gehört also dreierlei: Die Suche nach Gott, nach seinem Wort, nach der rechten Weisung für das ganze Leben ist vorangegangen. Das Brot wird des weiteren von Gott erbeten. Und endlich ist die gegenseitige Bereitschaft des Teilens ein wesentliches Element des Wunders. Das Hören auf Gott wird zum Leben mit Gott, und es führt vom Glauben zur Liebe, zur Entdeckung des anderen. Jesus ist gegenüber dem Hunger der Menschen, ihrem leiblichen Bedürfen, nicht gleichgültig, aber er stellt es in den rechten Zusammenhang und gibt ihm die rechte Ordnung.

Diese zweite Brotgeschichte weist damit voraus auf die dritte und ist Vorbereitung für sie: das letzte Abendmahl, das zur Eucharistie der Kirche und zum immerwährenden Brotwunder Jesu wird. Jesus ist selbst zum gestorbenen Weizenkorn geworden, das viele Frucht bringt (Joh 12,24). Er ist selbst Brot für uns geworden, und diese Brotvermehrung dauert unerschöpflich bis zum Ende der Zeiten. So verstehen wir jetzt das Wort Jesu, das er dem Alten Testament (Dtn 8,3) entnimmt, um damit den Versucher zurückzuweisen: „Der Mensch lebt nicht vom Brot allein, sondern von jedem Wort, das aus Gottes Munde kommt." Es gibt dazu einen Satz des von den Nationalsozialisten hingerichteten deutschen Jesuiten Alfred Delp: „Brot ist wichtig, Freiheit ist wichtiger, am wichtigsten ist die unverlorene Anbetung." Wo diese Ordnung der Güter nicht geachtet, sondern auf den Kopf gestellt wird, da entsteht nicht mehr Gerechtigkeit, da wird nicht mehr für den leidenden Menschen gesorgt, sondern da wird gerade auch der Bereich der materiellen Güter zerrüttet und zerstört. Wo Gott als sekundäre Größe angesehen wird, die man zeitweise oder überhaupt wichtigerer Dinge wegen beiseite lassen kann, da scheitern gerade diese vermeintlich wichtigeren Dinge. Nicht nur der negative Ausgang des marxistischen Experiments beweist das. Die auf rein technisch-materielle Prinzipien aufgebaute Entwicklungshilfe des Westens, die Gott nicht nur ausgelassen, sondern die Menschen von Gott abgedrängt hat mit dem Stolz ihrer Besserwisserei, hat erst die dritte Welt zur Dritten Welt im heutigen Sinn gemacht. Sie hat die gewachsenen religiösen, sittlichen und sozialen Strukturen beiseite geschoben und ihre technizistische Mentalität ins Leere hineingestellt. Sie glaubte, Steine in Brot verwandeln zu können, aber sie hat Steine für Brot gegeben. Wir müssen den Primat Gottes und seines Wortes neu anerkennen – darum ging es in dem großen Christusfest 2000, und darum geht es nach wie vor. Natürlich kann man fragen, warum Gott nicht eine Welt gemacht hat, in der seine Gegenwart offenkundiger ist; warum Christus nicht einen anderen, jeden unwiderstehlich treffenden Glanz seiner Gegenwart zurückgelassen hat. Das ist das Geheimnis von Gott und Mensch, das wir nicht durchdringen können. Wir leben in dieser Welt, in der Gott eben nicht die Evidenz des Greifbaren hat, sondern nur durch den Aufbruch des

Herzens, den „Exodus" aus „Ägypten" gesucht und gefunden werden kann. In *dieser* Welt müssen wir uns den Täuschungen falscher Philosophien widersetzen und erkennen, daß wir nicht vom Brot allein leben, sondern zuallererst vom Gehorsam gegen Gottes Wort. Und erst wo dieser Gehorsam gelebt wird, wächst die Gesinnung, die auch Brot für alle zu schaffen vermag.

Die zweite Versuchung: Gott auf die Probe stellen?

Kommen wir zur zweiten Versuchung Jesu, deren exemplarische Bedeutung in mancher Hinsicht am schwersten zu verstehen ist. Die Versuchung ist als eine Art Vision aufzufassen, in der wiederum Wirklichkeit, eine besondere Gefährdung des Menschen und des Auftrags Jesu zusammengefaßt ist. Zunächst ist da etwas Auffälliges. Der Teufel zitiert die Heilige Schrift, um Jesus in seine Falle zu locken. Er zitiert den Psalm 91,11 f., der von dem Schutz spricht, den Gott dem gläubigen Menschen gewährt: „Denn er befiehlt seinen Engeln, dich zu hüten auf allen deinen Wegen. Sie tragen dich auf ihren Händen, damit dein Fuß nicht an einen Stein stößt." Dieses Wort gewinnt dadurch noch besonderes Gewicht, daß es in der Heiligen Stadt, an heiligem Ort gesprochen ist. In der Tat ist der zitierte Psalm an den Tempel gebunden; sein Beter erhofft sich Schutz im Tempel, denn die Wohnung Gottes muß als besondere Stätte göttlichen Schutzes gelten. Wo sollte der Mensch, der an Gott glaubt, sich sicherer wissen dürfen als im heiligen Bereich des Tempels?[4] Der Teufel erweist sich als Schriftkenner, der den Psalm genau zu zitieren weiß; das ganze Gespräch der zweiten Versuchung erscheint förm-

---

4   Ausführlicher dazu Gnilka, a.a.O. 88.

lich wie ein Streit zweier Schriftgelehrte. Der Teufel tritt als Theologe auf, bemerkt Joachim Gnilka dazu. Solowjew hat dieses Motiv in seiner „Kurzen Erzählung vom Antichrist" aufgenommen: Der Antichrist empfängt von der Universität Tübingen den Ehrendoktor der Theologie. Dieses kleine Buch des großen russischen Theosophen ist deswegen so aufregend, weil es nicht nur zum einen wie ein Kommentar zu der Versuchungsgeschichte Jesu wirkt, sondern zum anderen Teil auch Züge unserer Gegenwart zeigt, die uns stutzig machen und die uns die Unterscheidungslinien zwischen Glaube und Apostasie, zwischen Glaube und Gegenglaube zeigen müssen.[5] Wenn Theologie bloßes Wissen um biblische Texte und um die Geschichte des christlichen Glaubens wird, aber anderen Lebensentscheidungen zugeordnet ist, dann dient sie nicht dem Glauben, sondern zerstört ihn. Das theologische Streitgespräch zwischen Christus und dem Teufel ist ein Streit um die rechte Schriftauslegung, deren Maßstab nicht im rein Historischen liegt. Die eigentliche Frage ist, mit welchem Gottesbild man die Schrift liest. Der Streit um die Auslegung ist ein Streit darum, wer Gott ist. Ein Satz in der Geschichte vom Antichristen zeigt, worum es letztlich geht: „Er (d.h. der Antichrist) glaubte an Gott, aber ... er zog in der Tiefe seiner Seele sich selbst Ihm vor." In der Versuchungsgeschichte ist der Streit um die Schrift vor allem aber auch ein Streit darum, ob das Alte Testament wirklich Christus gehört – ob er wirklich die Antwort auf seine Verheißungen ist. Er, der Arme, der Ohnmächtige, der Gescheiterte, der am Kreuz von Gott nicht Beschützte; er, der den allgemeinen Wohlstand, den der Antichrist

---

5 W. Solowjew, Kurze Erzählung vom Antichrist. Übersetzt und erläutert von L. Müller (München 1986[6]).

schafft, nicht herbeigeführt hat – ist er wirklich der, der kommen soll? Das Ringen um die Schrift ist, wie gesagt, ein Ringen um das Gottesbild, aber dieses Ringen entscheidet sich am Bild Jesu Christi: Ist er, der ohne weltliche Macht geblieben ist, wirklich der Sohn des lebendigen Gottes? Der Kampf um die Bibel, dieser Kampf um Gott in Jesus Christus muß immer neu geführt werden.[6]

So führt die strukturelle Frage nach dem merkwürdigen Schriftgespräch zwischen Christus und dem Versucher direkt in die inhaltliche Frage hinein. Denn worum geht es da? Man hat diese Versuchung mit dem Motiv von „Brot und Spiele" zusammengebracht: Nach dem Brot müsse die Sensation geboten werden. Da die bloße körperliche Sättigung ganz offensichtlich dem Menschen nicht ausreicht, müsse der, der Gott nicht in die Welt und in den Menschen einlassen will, den Kitzel spannender Erregungen bieten, deren Schauer die religiöse Ergriffenheit ersetzt und verdrängt. Aber das kann an dieser Stelle wohl nicht gemeint sein, da in der Versuchung anscheinend keine Zuschauer vorausgesetzt werden. Der Punkt, um den es geht, erscheint in der Antwort Jesu, die wiederum dem Deuteronomium (6,16) entnommen ist: „Du sollst den Herrn, deinen Gott, nicht versuchen!" Das ist im Deuteronomium eine Anspielung auf die Geschichte, wie Israel vor Durst in der Wüste umzukommen drohte. Es kommt zur Rebellion gegen Mose, die eine Rebellion gegen Gott wird. Gott muß zeigen, daß er Gott ist. Diese Rebellion gegen Gott wird in der Bibel so

---

6   Chr. Schönborn, Gott sandte seinen Sohn. Christologie (Paderborn 2002) 38 f. zeigt die ganze Dramatik dieses Ringens an dem mittelalterlichen Disput zwischen Juden und Christen über die Messianität Jesu: Kann der, der den Weltfrieden nicht gebracht hat, wirklich der Messias sein?

beschrieben: „Sie stellten den Herrn auf die Probe, indem sie sagten: Ist der Herr in unserer Mitte oder nicht?" (Ex 17,7). Es geht also um das, was vorhin schon angeklungen war: Gott muß sich dem Experiment stellen. Er wird „erprobt", wie man Waren ausprobiert. Er muß sich den Bedingungen unterwerfen, die wir für unsere Gewißheit als nötig erklären. Wenn er jetzt den von Psalm 91 zugesagten Schutz nicht gewährt, dann ist er eben nicht Gott. Dann hat er sein eigenes Wort und so sich selbst falsifiziert. Die ganze große Frage, wie man Gott erkennen und wie man ihn nicht erkennen kann, wie der Mensch zu Gott stehen und wie er ihn verlieren kann, steht hier vor uns. Der Hochmut, der Gott zum Objekt machen und ihm unsere Laborbedingungen auflegen will, kann Gott nicht finden. Denn er setzt bereits voraus, daß wir Gott als Gott leugnen, weil wir uns über ihn stellen. Weil wir die ganze Dimension der Liebe, des inneren Hörens ablegen und nur noch das Experimentierbare, das in unsere Hand gegeben ist, als wirklich anerkennen. Wer so denkt, macht sich selbst zu Gott und erniedrigt dabei nicht nur Gott, sondern die Welt und sich selber.

Von dieser Szene auf der Tempelzinne aus öffnet sich aber auch der Blick auf das Kreuz hin. Christus hat sich nicht von der Tempelzinne gestürzt. Er ist nicht in die Tiefe gesprungen. Er hat Gott nicht versucht. Aber er ist in die Tiefe des Todes hinabgestiegen, in die Nacht der Verlassenheit, in die Ausgesetztheit der Wehrlosen. Er hat diesen Sprung gewagt als Akt der Liebe von Gott her für die Menschen. Und deshalb wußte er, daß er bei diesem Sprung zuletzt nur in die gütigen Hände des Vaters fallen konnte. So erscheint der wirkliche Sinn vom Psalm 91, das Recht zu jenem letzten und unbegrenzten Vertrauen, von dem darin die Rede ist: Wer dem Willen Gottes folgt, der weiß, daß er in allen Schrecknissen, die ihm widerfahren, einen letzten Schutz nicht verliert. Der weiß, daß der Grund der Welt Liebe ist und daß er daher auch da, wo kein Mensch ihm helfen kann oder will, im Vertrauen auf den weitergehen darf, der ihn liebt. Solches Vertrauen, zu dem die Schrift uns ermächtigt und zu dem der Herr, der Auferstandene uns einlädt, ist aber etwas ganz anderes als die abenteuerliche Herausforderung Gottes, die Gott zu unserem Knecht machen möchte.

Die dritte Versuchung: Christ und Antichrist

Kommen wir zur dritten und letzten Versuchung, dem Höhepunkt der ganzen Geschichte. Der Teufel führt den Herrn visionär auf einen hohen Berg. Er zeigt ihm alle Königreiche der Erde und deren Glanz und bietet ihm das Weltkönigtum an. Ist das nicht genau die Sendung des Messias? Soll er nicht der Weltkönig sein, der die ganze Erde in einem großen Reich des Friedens und des Wohlstands vereinigt? Wie es zur Brotversuchung zwei merkwürdige Gegenstücke in der Geschichte Jesu gibt, die Brotvermehrung und das letzte Abendmahl, so ist es auch hier. Der auferstandene Herr versammelt die Seinen „auf dem Berg" (Mt 28,16). Und nun sagt er tatsächlich: „Mir ist alle Macht gegeben im Himmel und auf Erden" (28,18). Zweierlei ist hier neu und anders: Der Herr hat Macht im Himmel und auf Erden. Und nur wer diese ganze Macht hat, hat die wirkliche, die rettende Macht. Ohne den Himmel bleibt irdische Macht immer zweideutig und brüchig. Nur Macht, die sich unter das Maß und unter das Gericht des Himmels, d.h. Gottes stellt, kann Macht zum Guten werden. Und nur Macht, die unter dem Segen Gottes steht, kann verlässig sein. Dazu kommt das andere: Jesus hat diese Macht als Auferstandener. Das heißt: Diese Macht setzt das Kreuz voraus, setzt seinen Tod voraus. Sie setzt den anderen Berg voraus – Golgotha, wo er von den Menschen verspottet und von den Seinigen verlassen am Kreuz hängt und stirbt. Das Reich Christi ist anders als die Königreiche der Erde und ihr Glanz, den Satan vorführt. Dieser Glanz ist, wie das griechische Wort *doxa* besagt, Schein, der sich auflöst. Solchen Glanz hat Christi Reich nicht. Es wächst durch die Demut der Verkündigung in denen, die sich zu seinen Jüngern machen lassen, die getauft werden auf den dreifaltigen Gott und die seine Gebote halten (Mt 28,19f.).

Aber kehren wir zurück zur Versuchung. Ihr wahrer Gehalt wird sichtbar, wenn wir sehen, wie sie die Geschichte hindurch immer neue Gestalt annimmt. Das christliche Kaisertum versuchte alsbald, den Glauben zum politischen Faktor der Reichseinheit zu machen. Das Reich Christi soll nun doch die Gestalt eines politischen Reiches und seines Glanzes erhalten. Der Ohnmacht des Glaubens, der irdischen Ohnmacht Jesu Christi soll durch politische und militärische Macht aufgeholfen werden. In allen Jahrhunderten ist in vielfältigen Formen diese Versuchung immer neu aufgestanden, den Glauben durch Macht sicherzustellen, und immer wieder drohte er gerade in den Umarmungen der Macht erstickt zu werden. Der Kampf um die Freiheit der Kirche, der Kampf darum, daß Jesu Reich mit keinem politischen Gebilde identisch sein kann, muß alle Jahrhunderte geführt werden. Denn der Preis für die Verschmelzung von Glaube und politischer Macht besteht zuletzt immer darin, daß der Glaube in den Dienst der Macht tritt und sich ihren Maßstäben beugen muß.

In der Passionsgeschichte des Herrn erscheint die Alternative, um die es hier geht, in erregender Gestalt. Auf dem Höhepunkt des Prozesses stellt Pilatus Jesus und Barabbas zur Wahl. Einer von beiden wird freigegeben werden. Wer aber war Barabbas? Wir haben gewöhnlich nur die Formulierung des Johannesevangeliums im Ohr: „Barabbas aber war ein Räuber" (18,40). Aber das griechische Wort für Räuber hatte in der politischen Situation von damals in Palästina eine spezifische Bedeutung bekommen. Es besagte soviel wie „Widerstandskämpfer". Barabbas hatte an einem Aufstand teilgenommen und war darüber hinaus – in diesem Zusammenhang – des Mordes angeklagt (Lk 23,19.25). Wenn Matthäus sagt, Barabbas sei ein „berühmter Gefangener" gewesen, so zeigt dies, daß er einer der herausragenden Widerstandskämpfer, wohl der eigentliche Anführer jenes Aufstands gewesen ist (27,17). Mit anderen Worten: Barabbas war eine messianische Figur. Die Wahl Jesus – Barabbas ist nicht zufällig; zwei messianische Gestalten, zwei Formen des Messianismus stehen sich gegenüber. Das wird noch deutlicher, wenn wir bedenken, daß „Bar-Abbas" Sohn des Vaters heißt. Es ist eine typisch messianische Benennung, der Kultname eines herausragenden Anführers der messianischen Bewegung. Der letzte große messianische Krieg der Juden im Jahr 132 wurde von Bar Kochba – Sternensohn – geführt. Das ist dieselbe Namensbildung; dieselbe Absicht wird dargestellt. Von Origenes erfahren wir noch ein weiteres interessantes Detail: In vielen Handschriften der Evangelien bis ins dritte Jahrhundert hieß der Mann, um den es geht, „Jesus Barabbas" – Jesus Sohn des Vaters. Er stellt sich als eine Art Doppelgänger zu Jesus dar, der freilich den gleichen Anspruch auf eine ganz andere Weise auffaßte. Die Wahl steht also zwischen einem Messias, der den Kampf anführt, der Freiheit und das eigene Reich verspricht, und diesem geheimnisvollen Jesus, der das Sich-Verlieren als Weg zum Leben verkündet. Ist es ein Wunder, daß die Massen Barabbas den Vorzug gaben?[7]

---

7   Ausführlicher dazu V. Messori in seinem wichtigen Buch, Patì sotto Ponzio Pilato (Turin 1992) 52–62.

Wenn wir heute zu wählen hätten, hätte da Jesus aus Nazareth, der Sohn Marias, der Sohn des Vaters eine Chance? Kennen wir Jesus überhaupt? Verstehen wir ihn? Müssen wir ihn gestern wie heute nicht ganz neu kennenzulernen uns mühen? Der Versucher ist nicht grob genug, uns direkt die Anbetung des Teufels vorzuschlagen. Er schlägt uns nur vor, uns für das Vernünftige zu entscheiden, für den Vorrang einer geplanten und durchorganisierten Welt, in der Gott als Privatangelegenheit seinen Platz haben mag, aber in unsere wesentlichen Absichten uns nicht dreinreden darf. Solowjew schreibt dem Antichristen ein Buch zu: „Der offene Weg zu Frieden und Wohlfahrt der Welt", das sozusagen die neue Bibel wird und die Anbetung des Wohlstands und der vernünftigen Planung zum eigentlichen Inhalt hat.

Wie schon angedeutet, kehrt die gleiche Versuchung im Neuen Testament noch einmal wieder nach dem Bekenntnis Petri zu Jesus. Jesus nimmt das messianische Bekenntnis Petri an, aber damit es nicht im Sinn von Barabbas umgedeutet wird, beginnt er sofort, die Jünger zu belehren, daß der Menschensohn viel leiden, verworfen werden und getötet werden müsse und dann auferstehen. Petrus, der vorher im Heiligen Geist gesprochen hatte, spricht nun wieder ganz aus sich selbst und tadelt Jesus: „Das soll Gott verhüten, Herr! Das darf nicht mit dir geschehen!" (Mt 16,22). Und da wird ihm gesagt: „Weg mit dir, Satan! Geh mir aus den Augen! Du willst mich zu Fall bringen; denn du hast nicht das im Sinn, was Gott will, sondern was die Menschen wollen" (16,23).

Dem Menschenwillen tritt der Wille Gottes entgegen. Im letzten geht es auch in dieser Versuchung darum, den Menschen zur Abkehr von Gott zu bewegen. Jesu Antwort auf den Versucher „Den Herrn, deinen Gott, sollst du anbeten und ihm allein dienen" erinnert an das *Schema Israel,* den eigentlichen Zentralsatz des Alten Testaments, sein wesentliches Glaubensbekenntnis und sein grundlegendes Gebet, das so auch in der Mitte des Neuen Testaments und der christlichen Existenz steht: „Höre, Israel, der Herr, unser Gott, der Herr ist einzig. Darum sollst du den Herrn, deinen Gott, lieben mit ganzem Herzen, mit ganzer Seele und mit ganzer Kraft" (Dtn 6,5). Das Sprechen dieses Satzes wurde und wird im Judentum bezeichnet als „das Joch des Gottesreiches auf sich nehmen". Genau das geschieht hier: Jesus richtet den Primat Gottes auf und erklärt die Welt zu Seinem Reich, zum Reich Gottes. Und nur, wo Gott herrscht, nur wo Gott in der Welt anerkannt ist, da ist auch der Mensch in Ehren, da kann die Welt recht werden. Der Primat der Anbetung ist die grundlegende Voraussetzung für die Erlösung des Menschen.

Gottes Macht in der Welt ist leise, nicht auftrumpfend: Nicht nur die Versuchungsgeschichte, die ganze Geschichte Jesu zeigt es. Aber es ist die wahre, die bleibende Macht. Immer wieder scheint die Sache Gottes „wie im Todeskampf zu liegen". Aber immer wieder erweist sie sich als das eigentlich Beständige und Rettende. Die Reiche der Welt, die Satan damals dem Herrn zeigen konnte, sind inzwischen alle versunken. Ihre Herrlichkeit, ihre Doxa, hat sich als Schein erwiesen. Aber die Herrlichkeit Christi, die demütige und leidensbereite Herrlichkeit seiner Liebe ist nicht untergegangen. Im Kampf gegen Satan blieb Christus der Sieger: Engel kamen und dienten ihm, sagt der Evangelist (Mt 4,11). Das Heilige Jahr lädt uns ein, diesen seinen Sieg, seine bleibende Herrlichkeit zu entdecken und uns von ihr führen zu lassen in den Entscheiden unseres Alltags.

Schlußüberlegung: Wähle das Leben!

Die Liturgie der Kirche faßt in den Lesungen am Donnerstag nach dem Aschermittwoch, an der Eingangsstelle der Quadragesima den Grundentscheid der christlichen Existenz zusammen – jene Wahl, die die Versuchungsgeschichte vor uns hinstellt und der sich kein Mensch entziehen kann. In der Lesung aus dem Deuteronomium heißt es da: „Hiermit lege ich dir heute das Leben und das Glück, den Tod und das Unglück vor ... Leben und Tod lege ich dir vor, Segen und Fluch. Wähle also das Leben" (Dtn 30,15.19). Wähle das Leben! Was heißt das? Wie macht man das? Was ist das Leben? Möglichst alles haben? Möglichst alles können, alles dürfen, keine Grenze anerkennen als die des eigenen Wünschens? Das Alles-haben-Können und Alles-tun-Können, die Unbeschränktheit des Lebensgenusses, ist das nicht das Leben? Scheint das nicht heute wie zu allen Zeiten die einzig mögliche Antwort zu sein? Wenn wir aber auf unsere Welt hinschauen, sehen wir, daß diese Art von Leben im Teufelskreis von Alkohol, Sex und Droge endet, daß diese scheinbare Wahl des Lebens den anderen als Konkurrenten ansehen muß, das Eigene immer als zu wenig empfindet und daß sie geradewegs in die Unkultur des Todes hineinführt, in den Verdruß am Leben, in das Sich-selbst-nicht-Mögen, das wir heute überall beobachten. Der Glanz dieser Wahl ist ein Trugbild des Teufels. Denn er steht gegen die Wahrheit, weil er den Menschen wie einen Gott hinstellt, aber wie einen falschen Gott, der keine Liebe, sondern nur sich selber kennt und alles auf sich bezieht. Der Maßstab des Menschen ist der Götze, nicht Gott, bei diesem Versuch, ein Gott zu sein ...

Diese Art von Lebenswahl ist Lüge, weil sie Gott ausläßt und damit alles verdreht. „Wähle das Leben!" Noch einmal: was heißt das? Das Deuteronomium gibt uns eine sehr einfache Antwort: Wähle das Leben – das heißt: Wähle Gott. Denn er ist das Leben. „Wenn du ... deinen Gott liebst, auf seinen Wegen gehst und auf seine Gebote achtest, dann wirst du leben" (Dtn 30,16). Wähle das Leben – wähle Gott!

Gott wählen heißt nach dem Deuteronomium: ihn lieben, in die Gemeinschaft des Denkens und Wollens mit ihm eintreten, ihm trauen, ihm sich anvertrauen, auf seinen Wegen gehen. Die Liturgie des Donnerstags nach dem Aschermittwoch verbindet mit dem Text aus dem Deuteronomium das Evangelium Lk 9,22–25, das heißt die Leidensprophezeiung Jesu, mit der er den falschen Messiasbegriff des Petrus korrigiert und so die Versuchung der falschen Wahl, die Versuchung schlechthin abweist. Der Herr wendet dann diese Prophezeiung über seinen eigenen Weg auf uns an und zeigt uns, wie wir das Leben wählen können. „Wer sein Leben gewinnen will, verliert es, wer aber sein Leben meinetwegen verliert, der rettet es. Was nützt es dem Menschen, wenn er die ganze Welt gewinnt, aber dabei sich selbst verliert?" (Lk 9,24 f.).[8] Das Kreuz hat nichts mit Lebensverneinung, mit Verneinung der Freude und der Fülle des Menschseins zu tun. Es zeigt uns genau umgekehrt die wahre Form, wie man Leben findet. Wer sich festhält und das Leben an sich reißen will, der lebt am Leben vorbei. Nur das Sich-Verlieren ist der Weg, sich und das Leben zu finden. Je kühner Menschen gewagt haben,

---

8   R. Guardini hat in seinen autobiographischen Aufzeichnungen auf beeindruckende Weise gezeigt, wie dieses Herrenwort in der Krise des Glaubens, in die er als Student geraten war, ihm zur Wende seines Lebens und zu bleibender Weisung wurde; so kehrt das Wort denn auch in seinen späteren Werken immer wieder: Stationen und Rückblicke. Berichte über mein Leben (Mainz-Paderborn 1995) 67 ff.

sich zu verlieren, sich ganz wegzugeben, je mehr sie lernten, sich zu vergessen, desto größer und reicher ist ihr Leben geworden – ob wir an Franz von Assisi, an Teresa von Avila, an Vinzenz von Paul, an den Pfarrer von Ars, an Maximilian Kolbe denken: alles Bilder der Nachfolge, die uns den Weg ins Leben zeigen, weil sie uns Christus zeigen. Von ihnen können wir lernen, Gott zu wählen, Christus zu wählen und so das Leben zu wählen.

Das tägliche Brot und das eucharistische Brot.
Eine Meditation zu Fronleichnam

Warum eigentlich gibt es so viel Hunger in der Welt? Warum müssen Kinder Hungers sterben, während andere in ihrem Überfluß ersticken? Warum muß immer noch der arme Lazarus vergeblich nach den Brosamen des rei-chen Prassers ausschauen, ohne je die Schwelle zu ihm überschreiten zu können? Gewiß nicht deswegen, weil die Erde nicht Brot für alle hervorbringen könnte. In den Ländern des Westens werden Prämien gezahlt für die Vernichtung von Früchten der Erde, um die Preise zu erhalten, während anderswo Menschen verhungern. Die Vernunft des Menschen ist erfinderischer, immer neue Mittel der Zerstörung zu entdecken als neue Wege zum Leben. Sie ist erfinderischer, um in allen Winkeln der Welt die Waffen der Zerstörung reichlichst präsent zu machen, als um Brot dorthin zu bringen. Warum dies alles? Weil unsere Seelen unterernährt sind, weil unser Herz blind und verhärtet ist. Das Herz zeigt dem Verstand nicht den Weg. Die Welt ist in Unordnung, weil unser Herz in Unordnung ist, weil ihm die Liebe fehlt, die den Weg zur Gerechtigkeit weisen würde.

Wenn wir dies alles bedenken, dann verstehen wir das Wort der heutigen Lesung, das der Herr dann dem Satan entgegenhielt, als der ihn aufforderte, Steine zu Brot zu machen: Der Mensch lebt nicht vom Brot allein, sondern von jedem Wort, das aus dem Munde Gottes kommt (Mt 4,4). Damit es Brot für alle gibt, muß zuvor das Herz des Menschen genährt werden. Damit Gerechtigkeit unter den Menschen werde, muß Gerechtigkeit in den Herzen wachsen, und die wächst nicht ohne Gott und ohne die grundlegende Nahrung seines Wortes. Dieses Wort ist Fleisch geworden, Mensch geworden, damit wir es empfangen können, damit es uns Nahrung werden kann. Weil der Mensch zu klein ist, als daß er an Gott heranreichen könnte, ist Gott selbst klein geworden, damit er unsere Nahrung werden kann und damit wir Liebe von seiner Liebe empfangen können und die Welt sein Reich wird.

Um diese Zusammenhänge geht es im Fronleichnamsfest. Wir tragen den Herrn, den fleischgewordenen Herrn, den zum Brot gewordenen Herrn hinaus in die Straßen unserer Städte und Dörfer. Wir tragen ihn hinaus in den Alltag unseres Lebens. Diese Straßen sollen seine Wege werden. Er soll nicht eingeschlossen in den Tabernakeln neben uns leben, sondern mitten unter uns, in unserem Alltag. Wo wir gehen, soll er gehen, wo wir leben, soll er leben. Die Welt, der Alltag soll sein Tempel werden. Fronleichnam zeigt uns, was kommunizieren heißt: ihn aufnehmen, ihn empfangen mit der Ganzheit unseres Seins. Den Leib des Herrn kann man nicht einfach essen, wie man ein Stück Brot ißt. Man kann ihn nur empfangen, indem man mit seinem ganzen Leben sich ihm öffnet. Indem man das Herz für ihn auftut. „Siehe, ich stehe an der Tür und klopfe an", sagt der Herr in der Geheimen Offenbarung. „Wenn einer meine Stimme hört und mir die Tür auftut, dann komme ich zu ihm und halte mit ihm Mahl und er mit mir" (Apk 3,20). Fronleichnam will dieses Klopfen des Herrn auch für unsere innere Schwerhörigkeit hörbar machen. Durch die Prozession klopft er laut an unserem Alltag an und bittet: Tu mir auf! Laß mich ein! Fange an, von mir zu leben! Das geht nicht in einem Augenblick, schnell, während der Messe und dann wieder nicht mehr. Dies ist ein Vorgang, der alle Zeit und alle Orte durchdringt. Tu mir auf – sagt der Herr –, so wie ich mich für dich aufgetan habe. Schließt die Welt auf für mich, damit ich da eintreten kann, damit ich eure verbogene Vernunft hell machen kann. Damit ich die Härte eurer Herzen überwinden kann. Tu mir auf, wie ich mein Herz für dich habe aufreißen lassen. Laß mich ein. Er sagt es zu jedem von uns, und er sagt es zu unserer ganzen Gemeinschaft: Laßt mich herein in euer Leben, eure Welt. Lebt von mir, damit ihr wirklich lebendig werdet – Leben aber bedeutet immer: Weitergeben.

So ist Fronleichnam ein Ruf des Herrn an uns, aber auch ein Schrei von uns an ihn. Das ganze Fest ist ein großes Gebet: Gib uns dich. Gib uns dein wahres Brot. Fronleichnam hilft uns so auch, das Herrengebet besser zu verstehen – das Vaterunser als Gebet aller Gebete. Die vierte Bitte, die Brotbitte, ist gleichsam das Gelenk zwischen den drei, dem Reich Gottes zugewandten Bitten und den drei letzten, die unseren Nöten gelten. Sie verbindet sie beide. Um was beten wir da? Gewiß um das Brot für heute. Es ist die Bitte der Jünger, die nicht von Schätzen und Kapitalien leben, sondern von der täglichen Güte des Herrn und die daher im Austausch mit ihm, im ständigen Schauen und Vertrauen auf ihn leben müssen. Es ist die Bitte von Menschen, die nicht großen Besitz anhäufen und sich selber Sicherheit geben wollen, sondern von Menschen, die sich mit dem Nötigen begnügen, um für das wahrhaft Wichtige Zeit zu haben. Es ist das Gebet der Einfachen, der Demütigen, das Gebet derer, die die Armut im Heiligen Geist lieben und leben.

Aber die Bitte geht doch noch tiefer. Denn das Wort, das wir mit „täglich" übersetzen, ist uns im Griechischen sonst nicht bekannt – *epiusios*. Es ist ein Wort des Vaterunser. Und es bedeutet, soviel die Gelehrten auch über seinen Sinn diskutieren mögen, sehr wahrscheinlich mindestens auch: Gib uns das Brot von morgen, nämlich, das Brot der kommenden Welt. Eigentlich ist nur die Eucharistie die Antwort darauf, was dieses geheimnisvolle Wort *epiusios* bedeutet: das Brot der kommenden Welt, das uns heute schon gegeben wird, damit heute schon die kommende Welt mitten unter uns anfängt. So wird durch diese Bitte das Beten darum, daß Gottes Reich komme und Erde wie Himmel werde, ganz praktisch: Durch die Eucharistie kommt Himmel auf die Erde, kommt Gottes Morgen heute und trägt die morgige Welt in die heutige herein. Aber auch die Bitten um die Erlösung von allen Übeln, von unserer Schuld, von der Last der Versuchung sind da praktisch zusammengefaßt: Gib uns dieses Brot, damit mein Herz wach wird, damit es dem Bösen widerstehen, Gutes und Böses unterscheiden kann, damit es zu vergeben lernt, damit es Kraft erhält in der Versuchung. Nur wenn die kommende Welt ein wenig Heute wird, nur wenn die Welt heute schon anfängt, göttlich zu werden, wird sie wahrhaft menschlich. Mit der Brotbitte gehen wir dem Morgen Gottes entgegen, der Verwandlung der Welt. Mit der Eucharistie geht Gottes Morgen uns entgegen, damit sein Reich schon heute unter uns anfängt. Und vergessen wir zu guter Letzt nicht, daß alle Bitten des Vaterunser im „Wir" gesprochen sind: Keiner kann sagen: „mein Vater" – außer Jesus allein. Wir alle können nur sagen: „unser Vater" und müssen daher immer mit den anderen und für die anderen bitten, aus uns herausgehen, uns öffnen, und nur in solchem Offenwerden beten wir überhaupt recht. All dies ist in dem Unterwegssein mit dem Herrn ausgesprochen, das gleichsam das besondere Zeichen des Fronleichnamstages ist.

Als der Herr in der Synagoge von Kapharnaum seine eucharistische Rede beendet hatte, gingen viele Jünger von ihm weg: Das alles war ihnen zu mühsam, zu geheimnisvoll. Sie wollten einfach eine politische Lösung, alles andere war ihnen nicht praktisch genug. Ist es nicht auch heute so? Wie viele sind im Laufe der letzten hundert Jahre weggegangen, weil ihnen Jesus nicht praktisch genug war? Was sie dann zustande gebracht haben, sehen wir. Wenn der Herr uns hier heute fragt: wollt auch ihr weggehen, dann wollen wir ihm an diesem Fronleichnamstag mit Simon Petrus von ganzem Herzen antworten: „Herr, zu wem sollen wir gehen? Du allein hast Worte ewigen Lebens. Wir haben geglaubt und erkannt, daß du der Heilige Gottes bist" (Joh 6,67f.). Amen.

Eucharistie – Communio – Solidarität: Christus gegenwärtig und wirksam im Sakrament

In diesem Beitrag, der aus Anlaß des im Jahr 2002 gefeierten Eucharistischen Kongresses des Bistums Benevent entstanden ist, geht es darum, den Zusammenhang zwischen dem innersten Geheimnis der Kirche, dem Sakrament der heiligsten Eucharistie, und ihrem konkretesten Auftrag – dem Dienst des Teilens, des Versöhnens und Vereinens – tiefer zu durchleuchten, um das Sakrament besser zu feiern und wirksamer Christi neues Gebot „Liebet einander" leben zu können. Die Eucharistie hieß in der alten Kirche oft auch einfach Agape – Liebe, oder Pax – Friede; die Christen von damals haben so auf einprägsame Weise den untrennbaren Zusammenhang zwischen dem Mysterium der verborgenen Gegenwart des Herrn und der Praxis des Dienstes am Frieden, des Friedenseins der Christen zum Ausdruck gebracht. Es gab keine Unterschiede zwischen dem, was man heute gern als Orthodoxie und Orthopraxie, als rechte Lehre und als rechtes Handeln gegeneinander stellt, wobei dann meist ein eher verächtlicher Ton gegenüber dem Wort Orthodoxie mitschwingt: Wer auf rechter Lehre besteht, erscheint als engherzig, starr, potenziell intolerant. Schließlich liege alles am rechten Tun, während man über die Lehre immer streiten könne. Wichtig seien nur die Früchte, die die Lehre hervorbringt, während gleichgültig sei, auf welchen Wegen man zu den rechten Taten gelangt. Eine solche Gegenüberstellung wäre der alten Kirche schon deshalb unverständlich und unannehmbar gewesen, weil das Wort Orthodoxie gar nicht rechte Lehre bedeutet, sondern die rechte Weise der Anbetung, der Verherrlichung Gottes meinte. Man war überzeugt, daß alles darauf ankommt, zu Gott im rechten Verhältnis zu stehen, zu erkennen, was ihm gefällt und wie man in der rechten Weise auf ihn antworten kann. Deswegen hat Israel das Gesetz geliebt: Von dort her wußte man, was Gottes Wille ist. So wußte man, wie man recht lebt und wie man Gott recht verehrt: indem man seinen Willen tut, der die Welt in Ordnung bringt, weil er sie nach oben hin öffnet. Und dies war die neue Freude der Christen, daß sie von Christus her nun endgültig wußten, wie Gott zu verherrlichen ist und wie eben dadurch die Welt recht wird. Daß beides zusammengehört, hatten die Engel in der heiligen Nacht verkündet: „Ehre sei Gott in der Höhe und Friede den Menschen auf Erden, die in seinem Wohlgefallen stehen", so hatten sie gesagt (Lk 2,14). Die Ehre Gottes und der Friede auf Erden sind untrennbar. Wo Gott ausgeschaltet wird, zerfällt der Friede auf Erden, und keine gottlose Orthopraxie kann uns retten. Denn das bloße richtige Tun ohne Erkenntnis dessen, was recht ist, gibt es nicht. Der Wille ohne Erkenntnis ist blind, und so sind Taten, Orthopraxie, ohne Erkenntnis blind und führen in den Abgrund. Es war die große Irreführung des Marxismus, daß er uns sagte, man habe lange genug über die Welt nachgedacht, nun gelte es endlich, sie zu verändern. Aber wenn wir nicht wissen, wohin wir sie verändern müssen, wenn wir ihren eigenen inneren Sinn und Auftrag nicht verstehen, dann wird die bloße Veränderung zur Zerstörung – wir haben es gesehen und sehen es. Aber auch umgekehrt gilt: Bloße Lehre, die nicht Leben und Tun würde, wird zum Gerede und wird so ebenfalls leer. Die Wahrheit ist konkret. Erkenntnis und Tun gehören zusammen, wie Glaube und Leben zusammengehören. Eben das ist mit der Verbindung der Begriffe Eucharistie – Communio – Solidarität gemeint, die als Motto über dem Eucharistischen Kongreß zu Benevent standen. Demgemäß werde ich versuchen, im folgenden die Bedeutung dieser drei Begriffe etwas näher zu entfalten.

1. Eucharistie

„Eucharistie" ist heute – durchaus zu Recht – der geläufigste Name für das Sakrament des Leibes und Blutes Christi, das der Herr am Abend vor seinem Leiden eingesetzt hat. In der alten Kirche gab es dafür eine Reihe anderer Namen – Agape und Pax haben wir schon genannt. Daneben stand etwa auch Synaxis – Versammlung, Zusammenführung der einzelnen. Bei den Protestanten heißt das Sakrament „Abendmahl", womit man – der Tendenz Luthers gemäß, daß nur die Schrift gelten solle – wieder ganz zum biblischen Ursprung zurückkehren wollte. In der Tat heißt das Sakrament bei Paulus „Herrenmahl". Aber es ist bezeichnend, daß dieser Titel schon ganz bald verschwand und seit dem zweiten Jahrhundert nicht mehr gebraucht wurde. Warum eigentlich? War das Abfall vom Neuen Testament, wie Luther meinte, oder was hat das sonst zu bedeuten? Nun, ohne Zweifel hatte der Herr sein Sakrament im Rahmen eines Mahles, wohl des jüdischen Paschamahles eingesetzt, und so war es zunächst auch mit einer Versammlung zum Mahl verbunden gewesen. Aber der Herr hatte nicht das Paschamahl zur Wiederholung aufgetragen, das zwar den Rahmen bildete, aber nicht *sein* Sakrament, nicht seine neue Gabe war. Das Paschamahl konnte ohnedies nur einmal im Jahr gefeiert werden. Die Eucharistiefeier selbst wurde darüber hinaus in dem Maß von der Mahlversammlung überhaupt abgelöst, in dem sich die Lösung aus dem Gesetz, der Übergang zu einer Kirche aus Juden und Heiden, vor allem aber aus ehemaligen Heiden vollzog. Der Zusammenhang mit dem Mahl erwies sich so als äußerlich, ja, als Verleitung zum Mißverständnis und zum Mißbrauch, wie Paulus nachdrücklich im ersten Brief an die Korinther gezeigt hat. So gehörte es zur wesentlichen Gestaltwerdung der Kirche, daß sie langsam die eigene Gabe des Herrn, sein Neues und Bleibendes, aus den alten Zusammenhängen löste und ihm seine eigene Form gab. Dies geschah einerseits durch die Verbindung mit dem Wortgottesdienst, der sein Vorbild in der Synagoge hat; zum anderen dadurch, daß die Stiftungsworte des Herrn den Höhepunkt des großen Dank- und Segensgebetes *(Berakha)* bildeten, das man aus den synagogalen Traditionen und so letztlich vom Herrn her aufnahm, der in der jüdischen Tradition Gott gedankt und gepriesen hatte und eben diesem Dank durch die Hingabe seines Leibes und Blutes eine neue Tiefe schenkte.[1] Man erkannte, daß das Wesentliche am Geschehen des letzten Abendmahles nicht das Essen des Lammes und der anderen traditionellen Gerichte war, sondern das große Gebet der Lobpreisung, das nun die Stiftungsworte Jesu als Mitte erhielt: Mit diesen Worten hatte er seinen Tod in die Gabe seiner selbst umgewandelt, so daß wir nun für diesen Tod danken können. Ja, jetzt erst ist es möglich, Gott ohne Vorbehalt zu danken, weil das Schrecklichste – der Tod des Erlösers und unser aller Tod – durch einen Akt der Liebe zur Gabe des Lebens verwandelt worden ist. So wurde als das Wesentliche des letzten Abendmahles die Eucharistia erkannt, die wir heute Hochgebet nennen: „Eucharistia" ist Übersetzung von „Berakha" und bedeutet daher ebenso Lobpreisung wie Danksagung und Segnung. Die Berakha war die eigentliche, konstitutive Mitte von Jesu letztem Abendmahl; das Hochgebet, das diese Mitte aufnimmt, stammt so direkt aus dem Beten Jesu am Abend vor seinem Leiden und bildet den

---

1 Den Zusammenhang zwischen der „Berakha" (Eucharistia) des letzten Abendmahles und den eucharistischen Hochgebeten hat eingehend aufgezeigt L. Bouyer, Eucharistie: Théologie et spiritualité de la prière eucharistique (Paris 1990).

Kern des neuen geistigen Opfers. Deswegen haben die Väter die Eucharistie zum Teil einfach als „Gebet" bezeichnet, als „Opfer" im Wort, als geistiges Opfer, das aber doch auch Materie wird und Materie verwandelt: Brot und Wein werden Leib und Blut Christi, die neue Nahrung, die auf die Auferstehung hin, auf das ewige Leben hin ernährt. So wird das ganze Gefüge aus Wort und Element zur Vorausdarstellung des ewigen Hochzeitsmahles. Wir werden am Ende auf diese Zusammenhänge noch einmal zurückkommen müssen. Hier ging es nur darum, besser zu verstehen, warum wir dieses Sakrament als katholische Christen nicht Abendmahl nennen, sondern Eucharistie: Die werdende Kirche hat dem Sakrament allmählich seine Gestalt gegeben, und gerade so unter der Führung des Heiligen Geistes richtig erkannt und richtig in Zeichen dargestellt, was eigentlich sein Wesen ist, was eigentlich der Herr in jener Nacht „eingesetzt" hat. Gerade wenn man diesen Vorgang der allmählichen Gestaltwerdung des eucharistischen Sakraments durchleuchtet, wird sehr schön der tiefe Zusammenhang von Schrift und Überlieferung verständlich. Ein bloß historischer Rückgriff auf die isoliert genommene Bibel vermittelt uns nicht genügend den Blick auf das Wesentliche; es kommt als solches erst zur Erscheinung im Lebenszusammenhang der Kirche, die die Schrift gelebt und sie so in ihrem tiefsten Wollen verstanden und uns zugänglich gemacht hat.

2. Communio

Das zweite thematische Wort dieses Eucharistischen Kongresses – Communio – ist inzwischen geradezu zu einem Modewort geworden. Es ist in der Tat eines der tiefsten und wesentlichen Worte der christlichen Überlieferung, aber gerade darum kommt es sehr darauf an, es in seiner ganzen Bedeutungstiefe und -breite zu verstehen. Vielleicht darf ich da eine ganz persönliche Bemerkung einflechten. Als ich zusammen mit einigen Freunden – besonders Henri de Lubac, Hans Urs von Balthasar, Louis Bouyer, Jorge Medina – daran ging, eine Zeitschrift zu gründen, in der wir das Erbe des Konzils auslegen und entfalten wollten, hielten wir Ausschau nach einem Namen, der die Absicht dieses Organs möglichst umfassend in *einem* Wort ausdrücken sollte. Nun war bereits im letzten Jahr des II. Vatikanschen Konzils, 1965, eine Zeitschrift gegründet worden, die sozusagen die beständige Stimme des Konzils und seines Geistes sein sollte und die sich daher „Concilium" nannte. Dabei mag eine Rolle gespielt haben, daß Hans Küng in seinem Buch „Strukturen der Kirche" eine Sinngleichheit zwischen den Worten *Ekklesia* (Kirche) und *Concilium* glaubte entdeckt zu haben. In beiden Ausdrücken verberge sich das griechische Wort *kalein* (rufen): Das eine Wort (Ekklesia) besage also: herausrufen, das andere Wort (Concilium) zusammenrufen, also letztlich beide dasselbe. Daraus ließ sich nun eine Art Identität der Begriffe Kirche und Konzil ableiten. Die Kirche sei ihrem Wesen nach das beständige Konzil Gottes in der Welt. Kirche sei also konziliar zu denken und in der Art eines Konzils zu verwirklichen; umgekehrt sei Konzil die dichteste Präsenz von Kirche überhaupt, sozusagen Kirche im Aktiv.[2] Diesem zunächst höchst einleuchtenden Gedanken, für den die Kirche als die ständige Ratsversammlung Gottes in der Welt erschien, war ich in den Jahren darauf ein wenig nachgegangen. Seine praktischen Konsequenzen sind ja nicht gering, und seine Faszination ganz unmittelbar. Ich war dabei zu dem Ergeb-

---

2 H. Küng, Strukturen der Kirche. Quaestiones disputatae 17 (Freiburg 1962), bes. 19–23.

nis gekommen, daß die Vision von Hans Küng zwar durchaus Wahres und Ernstzunehmendes enthielt, aber doch auch erheblicher Korrektur bedürftig war. Ich möchte hier nur ganz kurz das Ergebnis meiner damaligen Studien zusammenfassen. Sowohl aus der Wortuntersuchung wie aus dem sachlichen Verständnis von Kirche und Konzil in der Gründungszeit der Kirche ergab sich, daß ein Konzil zwar ein wichtiger Lebensvollzug der Kirche sein kann, aber daß die Kirche selbst doch mehr ist und ihr Wesen tiefer reicht. Das Konzil ist etwas, was die Kirche tut, aber die Kirche *ist* nicht Konzil. Sie ist nicht vor allem zum Ratschlagen da, sondern zum Leben des uns gegebenen Wortes. Als der tragende Begriff, in dem sich das Wesen der Kirche selbst darstellt, ging mir *koinonia – Communio –* auf. Die Kirche hält Konzile, sie *ist* Communio, so ungefähr habe ich damals das Wesentliche meiner Untersuchungen zusammengefaßt.[3] Ihre Struktur ist daher nicht mit dem Wort „konziliar" zu beschreiben, sondern eher mit dem Wort „kommunional". Als ich diese Gedanken 1969 in meinem Buch „Das neue Volk Gottes" der Öffentlichkeit vorlegte, spielte der Begriff Communio in der theologischen und kirchlichen Öffentlichkeit noch keine Rolle; meine diesbezüglichen Gedanken wurden daher auch kaum beachtet. Sie waren für mich aber eine Vorgabe auf der Suche nach einem Titel für die neue Zeitschrift, die wir denn auch „Communio" genannt haben. Zu öffentlicher Bedeutung gelangte der Begriff allerdings erst durch die Bischofssynode von 1985. Bis dahin hatte das Wort „Volk Gottes" als der neue Schlüsselbegriff für Kir-

---

3   J. Ratzinger, Das neue Volk Gottes. Entwürfe zur Ekklesiologie (Düsseldorf 1969) 147–170. Vgl. auch J. Ratzinger, Kirche, Ökumene und Politik (Einsiedeln 1987), wo ich 16 ff. die Grundzüge einer Communio-Ekklesiologie darzustellen versucht habe.

che gegolten, in dem man die Intentionen des II. Vaticanum griffig zusammengefaßt wähnte. Das könnte dann auch hingehen, wenn man das Wort in seiner ganzen biblischen Bedeutungstiefe und in dem großen Zusammenhang verstehen würde, in dem das Konzil es gebraucht hatte. Wenn aber ein großes Wort zum Schlagwort wird, ist es unvermeidlich der Verengung, ja, der Banalisierung ausgeliefert. So hat die Synode von 1985 einen neuen Anfang gesucht, indem sie das Wort Communio in den Mittelpunkt stellte, das zuallererst auf die eucharistische Mitte der Kirche hindeutet und so das Verstehen der Kirche im innersten Ort der Begegnung zwischen Jesus und den Menschen, im Akt seiner Hingabe für uns verankert.

Es konnte nicht ausbleiben, daß auch dieses große Grundwort des Neuen Testaments, isoliert und als Schlagwort gebraucht, verengt, ja, geradezu banalisiert wurde. Wer heute von Communio-Ekklesiologie spricht, meint im allgemeinen zweierlei: Er will eine plurale, sozusagen föderative Ekklesiologie einer zentralistischen Auffassung von Kirche entgegenstellen, und er will die gegenseitige Verflochtenheit der Ortskirchen im Austausch von Geben und Nehmen, wie auch den Pluralismus ihrer kulturellen Ausdrucksformen in Kult, Disziplin und Lehre unterstreichen.[4] Auch wo diese Tendenzen nicht im einzelnen ausgeprägt sind, wird doch Communio generell in einem horizontalen Sinn verstanden – als ein vielfältig geknüpftes Netz von Zusammengehörigkeiten. Die Vorstellung einer Communio-Struktur der Kirche unterscheidet sich dann

---

4   Ein – freilich dann im gängigen Gebrauch vergröbertes – Vorbild für diesen Typus von Communio-Ekklesiologie bildet das Buch von J.-M. R. Tillard, Église d'églises. L'ecclésiologie de communion (Paris 1987).

kaum von dem vorhin angedeuteten Gedanken einer konziliaren Verfassung: Es dominiert die Horizontale, die Idee des Sich-Abstimmens in einer weit gespannten Gemeinschaft. Nun, daran ist natürlich durchaus viel Wahres. Nur der Grundansatz stimmt nicht, und die eigentliche Tiefe dessen, was das Neue Testament und was das II. Vaticanum wie auch die Synode von 1985 sagen wollten, ist damit aus den Augen verloren. Um diese Sinnmitte des Begriffs Communio klar zu machen, möchte ich nur ganz kurz auf zwei große Communio-Texte des Neuen Testaments verweisen. Der eine findet sich in 1 Kor 10,16 f., wo Paulus zu uns sagt: „Der Kelch des Segens, den wir segnen, ist er nicht Gemeinschaft (koinonia – Communio) mit dem Blut Christi? Und das Brot, das wir brechen, ist es nicht Kommunion mit dem Leib Christi? Denn weil es *ein* Brot ist, sind wir, die vielen auch *ein* Leib: Wir alle haben teil an dem einen Brot." Der Begriff Communio ist zuallererst im heiligsten Sakrament der Eucharistie verankert, weshalb wir in der Sprache der Kirche mit Recht heute noch den Empfang dieses Sakraments schlicht als „kommunizieren" bezeichnen. Dabei wird sofort auch die ganz praktische soziale Bedeutung dieses sakramentalen Vorgangs deutlich, und dies in einer Radikalität, wie sie in bloß horizontalen Visionen nicht erreichbar ist. Hier wird uns gesagt, daß wir durch das Sakrament gleichsam in Blutsgemeinschaft mit Jesus Christus treten, wobei Blut gemäß hebräischer Auffassung für „Leben" steht, also eine Durchdringung von Christi Leben mit dem unseren ausgesprochen wird. „Blut" steht freilich im Zusammenhang der Eucharistie auch für Hingabe, für eine Existenz, die sich gleichsam ausschüttet, wegschenkt für uns und an uns. So ist Blutsgemeinschaft auch Einbeziehung in die Dynamik dieses Lebens, dieses „vergossenen Blutes" – Dynamisierung unserer Existenz, durch die sie selbst zu einem Sein für die anderen werden soll, wie wir es in Christi geöffnetem Herzen sichtbar vor uns sehen können. In mancher Hinsicht noch eindringlicher sind die Worte über das Brot. Es steht für die Leibesgemeinschaft mit Christus, die Paulus mit dem Einswerden von Mann und Frau vergleicht (vgl. 1 Kor 6,17f.; Eph 5,26–32). Paulus durchleuchtet dies noch von einer anderen Seite her, indem er sagt: Es ist ein und dasselbe Brot, das wir da alle empfangen. Das gilt in einem ganz strengen Sinn: Das „Brot" – das neue Manna, das Gott uns schenkt – ist ein und derselbe Christus für alle. Es ist wirklich der eine, gleiche Herr, den wir in der Eucharistie empfangen oder besser: der uns empfängt und in sich aufnimmt. Augustinus hat dies mit einem Wort ausgesagt, das er in einer Art Vision vernommen hatte: Iß das Brot der Starken, doch du wirst nicht mich in dich verwandeln, sondern ich dich in mich.[5] Das will sagen: Körperliche Nahrung, die wir aufnehmen, wird vom Leib assimiliert, wird selbst ein Aufbauelement unseres Körpers. Aber dieses Brot ist anderer Art. Es ist größer und mehr als wir. Nicht wir assimilieren es in uns hinein, sondern es assimiliert uns in sich hinein, so daß wir christusförmig werden, gleichsam – wie Paulus sagt – Glieder seines Leibes, eins in ihm. Wir alle „essen" *denselben*, nicht nur dasselbe; wir alle werden so aus unserer abgeschlossenen Individualität herausgerissen und hineingezogen in einen Größeren. Wir alle werden in Christus hinein assimiliert und so durch das Kommunizieren mit Christus auch selbst untereinander identifiziert, identisch, eins in ihm, einander zu Gliedern. Kommunizieren mit Christus ist seinem Wesen nach auch Kommunizieren miteinander. Wir sind nicht mehr nebeneinander, jeder einzeln für

---

5   Confessiones VII 10,16.

sich selbst, sondern jeder andere, der kommuniziert, ist für mich sozusagen „Bein von meinem Bein und Fleisch von meinem Fleisch" (vgl. Gen 2,23). Echte Kommunionfrömmigkeit hat daher zusammen mit der christologischen Tiefe notwendig sozialen Charakter, wie Henri de Lubac in seinem Buch „Katholizismus" schon vor mehr als einem halben Jahrhundert großartig dargestellt hat. Bei meinen Kommuniongebeten muß ich daher einerseits ganz auf Christus hinschauen, mich von ihm umformen, notfalls auch umbrennen lassen. Aber eben deswegen muß ich mir auch immer neu klar machen, daß er mich so mit jedem anderen Kommunikanten zusammenfügt – dem neben mir, der mir vielleicht unsympathisch ist; aber auch mit dem, der ferne ist, ob in Asien, Afrika, Amerika oder wo auch immer. Ich muß durch das Einswerden mit ihm die Öffnung dorthin und meine Verflechtung damit erlernen: Dies ist die Probe auf die Echtheit meiner Christusliebe. Wo ich mit Christus vereinigt bin, bin ich es mit dem anderen, und dies Einssein geht nicht an der Kommunionbank zu Ende, sondern beginnt da erst und wird Leben, Fleisch und Blut im Alltag meines Stehens mit den anderen und bei den anderen. So sind aber auch das Individuelle meines Kommunizierens und das Sein und Leben von Kirche untrennbar ineinander verflochten. Kirche entsteht nicht als eine lose Föderation von Gemeinschaften. Sie entsteht von dem einen Brot, dem einen Herrn her und ist von ihm her zuallererst und überall die eine und einzige, der aus dem einen Brot kommende eine Leib. Sie wird eins nicht durch eine zentralistische Regierung, sondern eine gemeinsame Mitte aller ist möglich, weil sie immer von dem einen Herrn her kommt, der sie im einen Brot zu einem Leib erschafft. Deswegen reicht ihre Einheit tiefer, als irgendeine menschliche Vereinigung jemals reichen könnte. Gerade wenn die Eucharistie in der ganzen Innerlichkeit der Vereinigung eines jeden mit dem Herrn begriffen wird, wird sie von selbst auch zu einem im höchsten Grad sozialen Sakrament. Die großen sozialen Heiligen waren darum immer auch große eucharistische Heilige. Ich möchte nur zwei ganz zufällig herausgegriffene Beispiele nennen. Da ist zum einen die liebenswerte Gestalt des heiligen Martin von Porres, der 1569 in Lima (Peru) als Sohn einer schwarzen (afrikanischen) Mutter und eines spanischen Edelmannes geboren wurde. Martin lebte von der Anbetung des in der Eucharistie gegenwärtigen Herrn, verbrachte ganze Nächte im Gebet vor dem Gekreuzigten, während er tagsüber unermüdlich die Kranken pflegte und sich besonders der sozial Entrechteten annahm, denen er als Mulatte auch herkunftsmäßig nahestand. Die Begegnung mit dem Herrn, der sich uns vom Kreuz her schenkt und uns durch das eine Brot alle zu Gliedern eines Leibes macht, setzte sich folgerichtig in den Dienst an den Leidenden, in die Sorge um die Schwachen und Vergessenen um. In unserer Zeit steht uns das Bild von Mutter Teresa von Kalkutta vor den Augen. Wo immer sie Häuser ihrer Schwestern im Dienst an den Sterbenden und Ausgestoßenen eröffnete, war das Erste, daß sie einen Ort für den Tabernakel verlangte, weil sie wußte, daß nur von dorther die Kraft für diesen Dienst kommen konnte. Wer den Herrn im Tabernakel kennt, der erkennt ihn in den Leidenden und Bedürftigen. Er gehört zu denen, denen der Weltenrichter sagen wird: Ich hatte Hunger, und ihr habt mir zu essen gegeben; ich war durstig, und ihr habt mich getränkt; ich war nackt, und ihr habt mich bekleidet; ich war krank, und ihr habt mich besucht; ich war im Gefängnis, und ihr kamt zu mir (Mt 25,35).

Nur ganz kurz möchte ich noch auf einen zweiten wichtigen Text des Neuen Testaments zum Stichwort Communio (koinonia) hinweisen, der sich gleich im Eingang des ersten Johannesbriefs (1,3–7) findet. Johannes spricht zunächst von der Begegnung mit dem fleischgewordenen Wort, die ihm geschenkt worden ist: Er kann sagen, daß er weitergibt, was er mit eigenen Augen gesehen, mit seinen Händen berührt hat. Diese Begegnung hat ihm „koinonia" – Communio – mit dem Vater und seinem Sohn Jesus Christus geschenkt, sie ist ein wahres Kommunizieren geworden. Diese Kommunion mit dem lebendigen Gott, so sagt er uns, stellt den Menschen ins Licht. Er wird ein Sehender und lebt im Licht, das heißt in der Wahrheit Gottes, die sich in dem einen, alles umfassenden neuen Gebot – im Gebot der Liebe – ausdrückt. Und so wird die Kommunion mit dem „Wort des Lebens" von selbst rechtes Leben, sie wird Liebe; sie wird damit auch Kommunion untereinander: „Wenn wir im Licht wandeln, wie er im Licht ist, dann haben wir Kommunion miteinander" (1 Joh 1,6). Der Text zeigt uns so die gleiche Logik der Communio, die wir schon bei Paulus gefunden hatten: Das Kommunizieren mit Jesus wird Kommunion mit Gott selbst, Kommunion mit dem Licht und der Liebe; es wird dadurch rechtes Leben, und das alles eint uns in Wahrheit untereinander. Nur wenn wir Communio in dieser Tiefe und Weite sehen, haben wir der Welt etwas zu sagen.

3. Solidarität

Kommen wir endlich zu dem dritten Stichwort „Solidarität". Während die beiden ersten Stichwörter „Eucharistie" und „Communio" der Bibel und der christlichen Überlieferung entnommen sind, ist dieses Wort von außen zu uns gekommen. Der Begriff „Solidarität" wurde – wie Erzbischof Cordes gezeigt hat – zuerst im Bereich des frühen Sozialismus durch P. Lerou († 1871) als Ge-

genbegriff zur christlichen Liebesidee als die neue, vernünftige und effektive Antwort auf das soziale Problem entwickelt.[6] Karl Marx hat erklärt, das Christentum habe eineinhalb Jahrtausende Zeit gehabt, seine Fähigkeiten zu zeigen und sei nun hinlänglich seiner Wirkungslosigkeit überführt; nun müßten neue Wege beschritten werden. Über Jahrzehnte hin glaubten viele, daß das im Begriff der Solidarität zusammengefaßte sozialistische Modell nun endlich der Weg sei, um die Gleichheit aller, die Aufhebung der Armut und den Frieden in der Welt zustande zu bringen. Heute können wir auf das Trümmerfeld einer gottlosen Gesellschaftstheorie und -praxis hinschauen. Es ist unleugbar, daß das liberale Modell der Marktwirtschaft, vor allem dort, wo es unter dem Einfluß christlicher Sozialideen gemäßigt und korrigiert wurde, in Teilen der Welt große Erfolge hervorgebracht hat. Um so trauriger ist die Bilanz, die das Gegeneinander der Machtblöcke und der wirtschaftlichen Interessen vor allem in Afrika hinterlassen hat.[7] Hinter der vordergründigen Solidarität der Entwicklungsmodelle verbarg und verbirgt sich nicht selten der Wille, den Bereich der eigenen Macht, der eigenen Ideologie, der eigenen Marktbeherrschung auszuweiten. Dabei sind Zerstörungen der alten Sozialstrukturen, Zerstörungen der seelischen und der sittlichen Kräfte vor sich gegangen, deren Folgen uns als eine einzige Anklage in den Ohren klingen müssen. Nein, ohne Gott geht es nicht. Und weil nur in Christus Gott uns sein Gesicht gezeigt, seinen Namen genannt

---

6   P. J. Cordes, Communio. Utopie oder Programm? Quaestiones disputatae 148 (Freiburg 1993) 29–32.

7   Einen erschütternden Einblick in diese traurige Bilanz und in die Grausamkeit des liberal-kapitalistischen Systems bietet P. Scholl-Latour, Afrikanische Totenklage. Der Ausverkauf des Schwarzen Kontinents (München 2001).

hat, in Kommunion mit uns getreten ist, darum geht es letztlich ohne Christus nicht. Es ist unbestritten, daß auch Christen in den Jahrhunderten der Neuzeit schwere Schuld auf sich geladen haben. Die Sklaverei, der Sklavenhandel, bleiben ein trübes Kapitel; sie zeigen, wie wenig die Christen wirklich Christen waren und wie weit sie vom Glauben und von der Liebe des Evangeliums, von der wahren Kommunion mit Jesus Christus entfernt waren. Andererseits waren es die gläubige Liebe und die demütige Opferbereitschaft so vieler Priester und Ordensschwestern, die Gegengewichte gesetzt und ein Vermächtnis der Liebe hinterlassen haben, das die Schrecken der Ausbeutung nicht aufheben, aber doch abmildern konnte. Auf diesem Zeugnis müssen wir aufbauen, auf diesem Weg weitergehen. In diesem Sinn ist der Begriff Solidarität in den letzten Jahrzehnten, besonders auch durch die ethischen Studien des Heiligen Vaters, langsam umgeformt und verchristlicht worden, so daß wir ihn nun zu Recht mit den beiden Leitworten Eucharistie und Communio zusammenfügen können. Solidarität bedeutet in diesem Sinn das Einstehen füreinander, der Gesunden für die Kranken, der Reichen für die Armen, der Kontinente in Nord und Süd im Wissen um die gegenseitige Verantwortung und im Wissen darum, daß wir empfangen, indem wir geben, und daß wir immer nur geben können, was uns selbst gegeben ist und uns daher nie einfach nur für uns selber gehört. Heute sehen wir, daß es nicht ausreicht, technisches Können, rationale Erkenntnis und Theorie oder auch Praxis bestimmter politischer Strukturen weiterzugeben. Das alles nützt nicht, sondern schadet sogar, wenn nicht auch die seelischen Kräfte geweckt werden, die diesen Techniken und Strukturen Sinn geben und ihre verantwortete Anwendung ermöglichen. Es war leicht, durch Aufklärung die überlieferten Religionen weitgehend zu zerstören, die nun freilich als Subkulturen – ihres Besten beraubt – weiterleben und als Techniken des Aberglaubens Menschen an Leib und Seele schaden können. Nötig wäre es gewesen, ihren heilen Kern auf Christus hin zu eröffnen und die stille Erwartung, die in ihnen lebt, damit ans Ziel zu bringen. In einem solchen Prozeß der Reinigung und der Entfaltungen würden sich Kontinuität und Fortschritt fruchtbar miteinander verbinden. Wo Mission Erfolg hatte, ist sie praktisch diesen Weg gegangen und hat so geholfen, Kräfte des Glaubens zu entwickeln, deren wir so dringend bedürfen. In der Krise der sechziger und siebziger Jahre kamen manche Missionare zu der Meinung, Mission, das heißt Verkündigung des Evangeliums Jesu Christi, sei nun nicht mehr angebracht; nun gelte es nur noch, soziale Entwicklungsdienste zu leisten. Aber wie soll sich positive soziale Entwicklung vollziehen, wenn wir im Bezug auf Gott Analphabeten werden? Die im stillen wohl mitgedachte Idee, die Völker oder Stämme sollten eben ihre eigenen Religionen behalten und man solle sie nicht mehr mit der unsrigen behelligen, zeigt nicht nur, daß der Glaube in den Herzen solcher Menschen trotz eines hohen Maßes an gutem Willen erkaltet war, daß die Kommunion mit dem Herrn nicht mehr lebte. Wie hätte man sonst meinen können, es sei etwas Gutes, die anderen davon auszuschließen? Im Grunde liegt darin – häufig unerkannt – eine Mißachtung des Religiösen überhaupt und keineswegs eine Hochachtung der fremden Religionen, wie es scheint: Religion wird als ein archaischer Restbestand im Menschen angesehen, den man ihm lassen muß, der aber mit der eigentlichen Höhe der Entwicklung letztlich nichts zu tun hat. Was Religionen sagen und tun, erscheint im Grund als gleichgültig; sie gelten als vom Bereich des Rationalen ausgeschlossen, und ihr Inhalt zählt letztlich nicht. Die Orthopraxie, die man sich dann erwartet, ist wahrhaftig auf Sand gebaut. Es ist höchste Zeit, sich von dieser verfehlten Art des Denkens zu verabschieden. Wir brauchen den Glauben an Jesus Christus schon deshalb, weil er Ratio und Religion miteinander verbindet. Er schenkt uns so Maßstäbe der Verantwortung und entbindet die Kraft, um dieser Verantwortung gemäß zu leben. Zu der Solidarität unter den Völkern und Kontinenten gehört das Teilen auf allen Ebenen: im materiellen, im geistigen, im ethischen wie im religiösen Bereich. Es ist klar, daß wir unsere Wirtschaft so weiter entwickeln müssen, daß sie nicht bloß mehr die eigenen Interessen eines bestimmten Landes oder einer Gruppe von Ländern, sondern das Wohlergehen aller Kontinente zum Maßstab nimmt. Das ist schwierig und wird nie vollkommen erreicht; es verlangt von uns selbst Abstriche und Verzichte. Aber wenn ein wirklich vom Glauben genährter Geist der Solidarität entsteht, dann kann dies möglich werden, wenn auch immer unvollkommen. In diesen Diskurs würde das Thema Globalisierung hinein gehören, das ich hier aber nicht anschneiden kann. Es ist klar, daß heute alle aufeinander verwiesen sind. Aber es gibt eine Globalisierung, die einseitig auf die eigenen Interessen bedacht ist, und es sollte eine Globalisierung geben, in der wirklich alle füreinander einstehen und einer des anderen Last trägt. All dies kann nicht auf eine wertneutrale Weise, rein markttechnisch bewerkstelligt werden. Für die Entscheidungen über den Markt sind immer auch Wertvorgaben maßgebend. Für sie ist immer auch unser religiöser und sittlicher Horizont entscheidend. Wenn die Globalisierung in Technik und Wirtschaft nicht auch begleitet wird von einer neuen Offenheit des Bewußtseins für den Gott, vor dem wir alle Verantwortung tragen, dann wird sie in der Katastrophe enden. Das ist die große Verantwortung, die auf uns Christen heute liegt. Christentum war immer schon von dem einen Herrn her, von dem einen Brot her, das uns zu einem Leib machen will, auf die Vereinigung der Menschheit hin angelegt. Wenn wir ausgerechnet in dem Augenblick, in dem eine vorher undenkbare äußere Vereinigung der Menschheit Tatsache wird, uns als Christen versagen und glauben, nichts mehr geben zu können oder zu sollen, laden wir schwere Schuld auf uns. Denn eine Einheit, die ohne Gott oder gar gegen ihn geschaffen wird, endet wie das Experiment Babylon: in der totalen Verwirrung und Zerstörung, im Haß und in der Gewalt aller gegen alle.

Ausblick: Eucharistie als Sakrament der Verwandlungen

Kehren wir zurück zur heiligsten Eucharistie. Was ist eigentlich geschehen in der Nacht, in der Christus verraten wurde? Hören wir dazu den römischen Kanon – den Kern der „Eucharistia" der Kirche zu Rom: „Am Abend vor seinem Leiden nahm Jesus das Brot in seine heiligen und ehrwürdigen Hände, erhob die Augen zum Himmel, zu dir, seinem Vater, dem allmächtigen Gott, sagte dir Lob und Dank, brach das Brot, reichte es seinen Jüngern und sprach: Nehmet und esset alle davon. Das ist mein Leib, der für euch hingegeben wird. Ebenso nahm er nach dem Mahl diesen erhabenen Kelch in seine heiligen und ehrwürdigen Hände, sagte dir Lob und Dank, reichte ihn seinen Jüngern und sprach: Nehmet und trinket alle daraus. Das ist der Kelch des Neuen und ewigen Bundes, mein Blut, das für euch und für alle vergossen wird zur Vergebung der Sünden. Tut dies zu meinem Gedächtnis." Was geschieht da in diesen Worten? Als erstes drängt sich das Wort Verwandlung auf. Brot wird Leib, sein Leib. Erdenbrot wird Gottesbrot, „Manna" vom Himmel her, mit dem Gott den Menschen über das Irdische hinaus auf die Auferstehung hin nährt – die Auferstehung vorbereitet, ja, schon beginnen läßt. Der Herr, der Steine in Brot hätte verwandeln können, der aus Steinen Kinder Abrahams erwecken konnte, wollte Brot in Leib, seinen Leib verwandeln. Aber geht das? Wie soll das sein? Die Fragen, die die Menschen in der Synagoge zu Kapharnaum gestellt haben, sind auch für uns nicht zu umgehen. Er steht doch da, vor seinen Jüngern, mit seinem Leib, wie kann er über das Brot sagen: Dies ist mein Leib? Nun ist es wichtig, genau darauf zu achten, was der Herr wirklich gesagt hat. Er sagt nicht einfach: Dies ist mein Leib; sondern: dies ist mein Leib, der für euch hingegeben wird. Er kann Gabe werden, weil er hingegeben wird. Durch den Akt der Hingebung wird er mitteilungsfähig, sozusagen selbst in eine Gabe verwandelt. Das Gleiche können wir beim Wort über den Kelch beobachten. Christus sagt nicht einfach: Dies ist mein Blut, sondern: das ist mein Blut, das für euch vergossen wird. Weil es vergossen wird, indem es vergossen wird, kann es gegeben werden. Aber nun steht die neue Frage auf: Was heißt das „hingegeben wird", „vergossen wird"? Was geschieht da? Nun, Jesus wird getötet, er wird am Kreuz aufgehängt und stirbt dort unter Qualen. Sein Blut wird vergossen, zuerst schon aus der inneren Erschütterung über seinen Auftrag am Ölberg, dann in der Geißelung, in der Dornenkrönung, bei der Kreuzigung und nach seinem Tod beim Durchbohren seines Herzens. Was da vor sich geht, ist zunächst ein Akt der Gewalt, des Hasses, der foltert und zerstört. An dieser Stelle stoßen wir auf eine zweite, tiefere Schicht von Verwandlung: Die Gewalttat der Menschen gegen ihn wandelt er von innen her in einen Akt der Hingabe für diese Menschen, in einen Akt der Liebe um. Dramatisch erkennbar wird dies im Ringen des Ölbergs. Was er in der Bergpredigt sagt, tut er nun: Er setzt der Gewalt nicht wieder Ge-

127

walt entgegen, wie er es könnte, sondern er beendet die Gewalt, indem er sie in Liebe verwandelt. Der Akt des Tötens, des Todes wird in Liebe umgewandelt, Gewalt durch Liebe besiegt. Dies ist die grundlegende Verwandlung, auf der alles andere aufruht. Es ist die eigentliche Verwandlung, die die Welt braucht und die allein die Welt erlösen kann. Weil Christus die Gewalt in einem Akt der Liebe von innen her umwandelt und besiegt, wird der Tod selbst umgewandelt: Die Liebe ist stärker als der Tod. Sie bleibt. Und so ist in dieser Verwandlung die weitere Verwandlung von Tod zu Auferstehung, vom toten Leib zum auferstandenen Leib enthalten. War der erste Mensch lebende Seele, so sagt Paulus, so wird der neue Adam, Christus, in diesem Vorgang lebenspendender Geist (1 Kor 15,45). Der Auferstandene *ist* Hingabe, ist lebenspendender Geist und als solcher mitteilbar, ja, Mitteilung. Das bedeutet keine Verabschiedung der Materie, sondern so kommt sie an ihr Ziel: Ohne den materiellen Vorgang des Todes und seine innere Überwindung wäre dies Ganze nicht möglich. Und so bleibt in der Verwandlung der Auferstehung der ganze Christus bestehen, aber nun so umgewandelt, daß Leibsein und Sichgeben sich nicht mehr ausschließen, sondern einschließen.

Versuchen wir, vor dem nächsten Schritt, dies Ganze noch einmal zu überblicken und zu verstehen. Im Augenblick des Abendmahls vollzieht Jesus das Geschehen von Kalvaria schon voraus. Er nimmt den Tod durch das Kreuz an und verwandelt den Gewaltakt durch seine Annahme in einen Akt der Hingabe, des Sichausgießens („Ich werde ausgeschüttet bei der Opferliturgie meines Lebens", sagt von da aus Paulus über seinen bevorstehenden Martertod: Phil 2,17). Im Abendmahl ist das Kreuz schon gegenwärtig, von Jesus angenommen und umgewandelt. Diese erste und grundlegende Verwandlung zieht die weitere nach sich – der sterbliche Leib wird in Auferstehungsleib umgewandelt: in „lebenspendenden Geist". Von da aus wird die dritte Verwandlung möglich: Die Gaben des Brotes und Weines, die Schöpfungsgaben und zugleich Frucht menschlicher Aufnahme und „Verwandlung" der Schöpfung sind, werden umgewandelt, so daß in ihnen der sich hingebende Herr, seine Hingabe, er selbst gegenwärtig wird – denn er *ist* Hingabe. Sie ist nicht etwas an ihm, sondern er selbst. Von da aus wird der Blick auf zwei weitere Verwandlungen frei, um die es in der Eucharistie seit dem Augenblick ihrer Einsetzung geht: Das verwandelte Brot, der verwandelte Wein, in dem der Herr sich selbst als lebenspendender Geist gibt, ist dazu da, uns Menschen zu verwandeln, so daß wir ein Brot mit ihm und dann ein Leib mit ihm werden. Die Verwandlung der Gaben, die nur die grundlegenden Verwandlungen von Kreuz und Auferstehung fortsetzt, ist nicht der Schlußpunkt, sondern ihrerseits ein Anfang. Das Ziel der Eucharistie ist die Verwandlung der Empfänger in der wahren Communio mit seiner Verwandlung. Und so ist das Ziel Vereinigung, Friede, daß wir aus getrennten, neben- oder gegeneinander stehenden Individuen selbst mit Christus und in ihm ein Organismus der Hingabe werden, auf die Auferstehung und die neue Welt zu leben. Damit wird die fünfte und letzte Verwandlung sichtbar, um die es in diesem Sakrament geht: Durch uns, die Verwandelten, zu einem Leib, zu lebenspendendem Geist Gewordenen, soll die ganze Schöpfung verwandelt werden. Die ganze Schöpfung soll „neue Stadt", neues Paradies, lebendiger Wohnort Gottes werden: Gott alles in allem (1 Kor 15,28) – so beschreibt Paulus das Ziel der Schöpfung, das von der Eucharistie aus sich bilden soll. So ist Eucharistie ein Prozeß der Verwandlungen, in den wir hinein genommen werden, Gottes Kraft zur Verwandlung von Haß und Gewalt, Gottes Kraft zur Verwandlung der Welt. Darum wollen wir beten, daß uns der Herr hilft, sie so zu feiern und zu leben. Darum wollen wir beten, daß er uns verwandle und mit uns die Welt auf das neue Jerusalem hin.

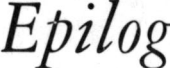

Epilog

Universalität und Katholizität

Das Wort „katholisch" begegnet als Bezeichnung für die Kirche erstmals im Brief des heiligen Ignatius von Antiochien an die Smyrnäer, also zu Beginn des zweiten Jahrhunderts: „Wo der Bischof erscheint, dort soll die Gemeinschaft sein, so wie da wo Christus Jesus ist, die katholische Kirche ist" (8,2). Die Ortskirche versammelt sich unter dem Bischof; wo er ist, da ist Kirche. Der „Bischof" der Gesamtkirche ist Jesus Christus: Wo Christus ist, da ist die Kirche, die katholische. Ignatius scheint das Wort „katholisch" als Bezeichnung für die universale Kirche, die in allen Ortskirchen doch nur eine ist, schon als bekannt vorauszusetzen. Aus der Apostelgeschichte wis-sen wir, daß in Antiochien erstmals für die Jünger Jesu Christi das Wort „Christen" geprägt wurde (11,26). Aus dem selbstverständlichen Gebrauch des Titels „katholisch" bei dem Martyrerbischof dieser Stadt möchte man schließen, daß sich vielleicht auch dieses Wort dort zuerst als Ausdruck für die universale Kirche herausgebildet hat. Obwohl der Text keine nähere Erklärung des Wortes katholisch bietet, treten doch zwei Begriffselemente deutlich hervor, in denen sofort das Wesentliche dessen erscheint, was auch in der ganzen weitergehenden Geschichte als der eigentliche Inhalt von Katholizität angesehen worden ist. Diese zwei Elemente sind die Zugehörigkeit zu Christus und die Universalität. Beides gehört zusammen. Nur Christus kann das Ganze zusammenhalten und einen. Wenn wir von Christus reden, müssen wir freilich immer das trinitarische Geheimnis im Hintergrund sehen: Er kommt vom Vater, und er wirkt gegenwärtig in der ganzen Geschichte durch den Heiligen Geist, der von Christus Zeugnis ablegt und in alle Wahrheit einführt (Joh 15,26; 16,13). Die Universalität ist Sache Gottes; Christus hält das Ganze zusammen, weil er der Sohn ist. Der christozentrische Akzent ist als solcher immer ein trinitarischer Akzent. Der Verweis auf Christus enthält also den Anspruch der Kirche, bis an die „Grenzen der Erde" zu reichen, ihm als dem wahren König der Welt die Völker zum Erbe zu übergeben (Ps 2,8; Mt 28,19; Apg 1,18).

Wolfgang Beinert hat in seinem Werk über das dritte Kirchenattribut darauf hingewiesen, daß sich die Bedeutung des Zusammenhangs von Christus und Katholizität noch weiter erhellt, wenn wir auf die Christologie der Ignatius-Briefe im Ganzen hinschauen.[1] Christus ist der schlechthin Vollkommene, in dem alle Fülle des Lebens und der Gnade, die Ganzheit der Offenbarung gegenwärtig ist. Katholizität der Kirche bedeutet demnach, daß sie die Fülle und Vollkommenheit Christi in sich trägt und sie weiter vermittelt. Wiederum wird damit deutlich, warum die Kirche allen Völkern zugedacht ist – eben weil sie von Christus her das Ganze aller Heilsgaben in sich trägt, die eine und unteilbare Antwort auf alles Fragen und Suchen der Menschen. Wir hatten vorhin gesagt, daß zwei wesentliche Elemente des Katholischen im Text erkennbar werden: Bindung an Christus und Universalität. Wir könnten das jetzt noch deutlicher so ausdrücken, daß sich ein streng theologischer und ein empirischer Aspekt abzeichnen, die aber doch beide voneinander untrennbar sind. Der theologische Aspekt ist die Ganzheit in der Heilsgabe, in der letztlich Gott sich selber gibt. Aus dieser inneren, qualitativen Ganzheit folgt von selber, daß sie auf die Ganzheit der Menschheit bezogen ist, dazu bestimmt, alle Zeiten, alle Orte, Himmel und Erde zu umfassen. Im Verlauf der

---

1   W. Beinert, Um das dritte Kirchenattribut I (Essen 1964) 36–42.

Geschichte sind die Akzente zwischen diesen beiden Schwerpunkten unterschiedlich gesetzt worden, aber immer gehörten beide zusammen: Das bloß geographische und quantitative Element kann nie der genügende Inhalt des Katholischen sein, denn die Kirche war katholisch, auch als sie nur in kleinen Minderheiten von Menschen rund um das Mittelmeerbecken bestand, wie dies eben zur Zeit des Ignatius der Fall war. Entscheidend muß die qualitative Katholizität sein. Aber gerade sie läßt die Selbstbescheidung auf einen einmal erfaßten Kreis nicht zu, sondern fordert immerfort die missionarische Dynamik des Sauerteigs, der den ganz Teig durchdringt, des Lichtes, das auf dem Leuchter für alle leuchtet. Deswegen muß Kirche, die katholisch sein will, von dieser inneren Katholizität her immer auf die äußere Katholizität hin drängen, Kirche aller Völker und aller Kulturen zu sein. Sie muß von der Erkenntnis beseelt sein, daß die Gabe, die ihr geschenkt wurde, ihr zum Weitergeben übertragen worden ist; daß sie diese Ganzheit veruntreuen würde, wenn sie sie nicht hintragen würde „zu jeder Kreatur" (Mk 16,15). Ihre Katholizität muß auch empirisch wenigstens ansatzweise erscheinen. Die Unruhe des heiligen Paulus, die ihn an die Grenzen der Erde trieb, kam aus diesem Wissen um die Universalität der Gabe – die Universalität der Wahrheit und des Heils, die keine Grenzen kennen. Das Gleichnis von den Knechten, die mit dem Geld des Herrn zu wuchern haben (Mt 25,24–30), läßt diese gleiche Unruhe erkennen: den Auftrag des Weitergebens.

Der Ignatius-Text hat uns ganz von selbst auf den inneren Ursprung des Katholizitäts-Gedankens im Neuen Testament verwiesen. Ihm in seiner Vielschichtigkeit nachzugehen und so den spirituellen Reichtum des Begriffs besser verstehen zu lernen, wäre eine lohnende Aufgabe, die hier aber nicht versucht werden kann. Ich möchte nur in aller Kürze einen grundlegenden ekklesiologischen Text vorstellen, der ganz von der Idee der Katholizität durchtränkt ist, nämlich den Pfingstbericht der Apostelgeschichte (Kapitel 2). Achten wir zunächst auf den Hintergrund: Der 50. Tag nach dem Paschafest – das „Wochenfest", das wir Pfingsten (50. Tag) nennen – galt als das Fest der Offenbarung, das Gedächtnis des Sinai und erinnerte so an das Ereignis des Bundes, durch den Israel erst eigentlich zum Volk, zum Volk Gottes konstituiert wurde. So folgt dem Paschafest Jesu Christi – dem neuen Exodus der Auferstehung – das Pfingstereignis gleichsam als der christliche Sinai: Der Bund, der gewiß im Abendmahl und im Kreuz grundgelegt war, wird nun zum öffentlichen Ereignis, in dem das Volk Gottes konstituiert wird, wie damals am Sinai unter den Zeichen von Sturm und Feuer, die freilich nur als Zeichen der Erinnerung am Rand wirken; das Eigentliche ist die neue Gabe des Wortes, das in allen Sprachen, das heißt in allen Kulturen vernehmbar und verstehbar ist. So zeichnet sich das Ereignis des Neuen Bundes ab: Das Volk Gottes wird universal, ein Volk aus allen Völkern. Das universale Volk – die Kirche – wird durch die Kraft des Heiligen Geistes gebildet als Träger des Neuen Bundes. Wie das Volk des Bundes ausgeweitet, universal wird, so erhält auch das „Gesetz", der Inhalt des Bundes, eine neue Gestalt. Was nur gleichsam Gerüst und Vorbereitung gewesen war, kann nun weggenommen werden. Der Kern des Gesetzes enthüllt sich in der Flamme des Heiligen Geistes, in der sich Gottes eigenes Wesen – die Liebe – darstellt. So konnte Thomas von Aquin sagen: Das neue Gesetz ist die Gabe des Heiligen Geistes (S. theol. I–II q 106 resp). Die notwendig immer partikulären Kultformen und Rechtsordnungen fallen dahin, das wahrhaft Universale tritt hervor – die Gnade, die die in unsere Herzen vom Geist ausgegossene Liebe ist (Röm 5,5).

Aber dies alles ist im Pfingstbericht nur wie von fern angedeutet. Wenden wir uns dem zu, was er ausdrücklich sagt. Zwei Gruppen von Personen treten auf. Auf der einen Seite „Petrus mit den Elf" (2,14): Die durch den Verrat des Judas verkleinerte Gemeinschaft war eben wieder durch den vom Heiligen Geist selbst im Losentscheid ausgewählten Matthias zu der vom Herrn gewollten symbolischen Vollzahl der Zwölf ergänzt worden (1,15–25). Im Eingang des Pfingstberichtes spricht Lukas freilich nicht von den Zwölfen, sondern davon, daß „alle am gleichen Ort beieinander waren" (2,1), womit er wohl auf die im ersten Kapitel geschilderte betende Gemeinschaft der Jünger Jesu verweist, welche die namentlich genannten Apostel sowie Maria, die Mutter Jesu, und „seine Brüder" umfaßt (1,12–14). Das Moment der Versammlung, des Einsseins und dasjenige der Ganzheit („alle") ist dem heiligen Schriftsteller also wichtig. Dieser Ganzheit steht eine andere Ganzheit gegenüber – die Pilger, die „aus allen Völkern unter dem Himmel" gekommen waren (2,5). Das Evangelium richtet sich an alle Völker der Erde – hier, in der Stunde der Gründung, sind sie schon gegenwärtig. Lukas konkretisiert diese für ihn (und für uns) theologisch wichtige Aussage, indem er die Völker aufzählt. Es handelt sich um eine Liste von zwölf Völkern (nur die ersten drei sind Völkernamen, dann folgen Länderbezeichnungen, die aber natürlich auch die Völker meinen). Dieser Liste folgen dann – nach vorheriger paarweiser Aufzählung – einzeln die Römer und schließlich noch einmal zwei Paare: Juden und Proselyten, Kreter und Araber. Diese beiden Paare wollen noch einmal die Vollständigkeit und Universalität der Versammlung ausdrücken. „Juden und Proselyten" bedeutet nicht eine Angabe von Völkern, sondern ist eine Religionsangabe, die ihrerseits einen Zug ins Universale hat: die Juden – das biblische Gottesvolk – und die Proselyten, das heißt die Heiden, die sich dem Gott Israels, dem einen Gott aller Menschen zugewandt haben; dazu dann „Kreter und Araber", was wohl Insel- und Festlandbewohner sowie zugleich die westliche und östliche Welt bedeuten soll. Die Exegeten haben eingehend über die Herkunft der Zwölferliste diskutiert, die jedenfalls den Länderlisten der Diadochenhistoriker nahesteht und von diesen ohne Zweifel als universal, als Darstellung der Völker überhaupt gemeint war, wie ja auch die Zwölfzahl erkennen läßt.[2] Lukas hat bewußt die Römer hinzugefügt – die Apostelgeschichte endet in Rom und drückt gerade so aus, daß die ganze Menschheit erreicht worden ist. Auch die beiden abschließenden Namenspaare unterstreichen noch einmal, wie wir sahen, die Universalität: Alle Völker der Erde sind Zeugen des Pfingstereignisses und kündigen so die Kirche aus allen Völkern, das weltumspannende Volk Gottes an, das also, was man von Ignatius von Antiochien an als „katholisch" bezeichnen wird.

Aber auch die zwölf Apostel sind Ausdruck künftiger bzw. jetzt schon antizipierter Universalität. Mit der Zwölfzahl hatte Jesus auf die Söhne Jakobs, auf die zwölf Stammväter Israels verwiesen und so zugleich zu verstehen gegeben, daß dies die „Stammväter" eines neuen, größeren Israels sein würden. Wenn man die kosmische Symbolik der Zwölf einbezieht (die zwölf Sternbilder), ist der universale Anspruch unverkennbar, der mit dieser Setzung verbunden ist. So wird eines evident: Die gängige Meinung ist falsch, daß an Pfingsten zunächst eine Ortskirche von Jerusalem, die „Jerusalemer Urgemeinde" gegründet worden sei, die sich dann nach und nach ausgeweitet habe zu einer universalen Kirche. Die Zwölf

---

2　Vgl. zur Aufzählung der Völker im Pfingstbericht G. Schneider, Die Apostelgeschichte I (Freiburg-Basel-Wien 1980) 253 ff.

sind nicht einfach Bestandteil einer Jerusalemer Ortskirche, sondern in ihnen ist virtuell die Kirche aller Völker da, zu denen sie gesandt werden und deren Väter zu werden sie bestimmt waren. Und die Schar der Hörer ist aus allen Völkern genommen. Was immer historisch genau an jenem Tag geschehen sein mag – die theologische Aussage des heiligen Lukas ist völlig klar, und auf sie kommt es an. Er will sagen: Die Kirche war vom ersten Augenblick an „katholisch", das heißt universale Kirche – „katholisch" war sie in dem doppelten Sinn, den wir bei Ignatius vorhin kennengelernt haben. Diese „katholische Kirche" hat die Ortskirchen geboren, so auch die Ortskirche von Jerusalem mit ihrer maßstäblichen Bedeutung. Die Katholizität in dem doppelten, qualitativen und extensiven Sinn gehört von Anfang an zu dem neuen Volk, wie klein auch die Schar derer gewesen sein mag, die zu Beginn ihre Glieder waren.

Wenn durch die Völkertafel zunächst mehr die äußere Katholizität betont scheint, auf die es Lukas angesichts der scheinbaren Provinzialität des Geschehens besonders ankommen mußte, so läßt ein tieferer Blick in den Text auch das qualitative Moment durchaus deutlich werden. Es ist unverkennbar, daß der Pfingstbericht ein Gegenbild zu der Geschichte vom babylonischen Turmbau hinstellt (Gen 11,1–9). Dort endet die Urgeschichte der Menschheit damit, daß deren Einheit zerbricht, genauer gesagt: Gott selbst zerschlägt eine falsche Einheit der Menschheit. So endet die in den ersten elf Kapiteln der Genesis erzählte erste Phase der Universalgeschichte der Menschheit, wie Gerhard von Rad sagt, mit einer „schrillen Dissonanz".[3] Die Bibel setzt danach neu an –

---

3   G. v. Rad, Das erste Buch Mose (Göttingen 1964) 128.

sie erzählt nicht mehr von der Menschheit im ganzen, sondern beginnt mit der Erwählungsgeschichte Abrahams eine zunächst partikulär und nicht mehr universal erscheinende Geschichte der Erwählung und des Heils. Die Dissonanz von Gen 11 bleibt so zunächst eine offene Frage, auch wenn in der von Abraham ausgehenden Erwählungsgeschichte immer wieder der Horizont der Universalität durchbricht – aber eben als Horizont, als Erwartung, nicht als Antwort. Der Leser der biblischen Geschichte muß im Grund auf die Pfingsterzählung der Apostelgeschichte warten; hier erst wird die offene Frage von Babylon aufgenommen, hier erst kehrt die Bibel zur Universalgeschichte zurück. Gott nimmt das Ganze neu in die Hände, und alles „Partikuläre" erweist sich als ein Weg dahin.

Das bedeutet natürlich auch, daß die an Pfingsten geschenkte Einheit und Universalität anderer Natur ist als die in Babylon gescheiterte. Will man den Tiefgang der Pfingsterzählung recht begreifen, dann muß man gerade den Unterschied der zweierlei Weisen von Universalität ausmessen. Die Einheit von Babylon ist Uniformismus. Die Menschen sind dort nur ein Volk und haben nur eine Sprache. Die vom Schöpfer gewollte Vielfalt ist in einer falschen Form von Einheit unterdrückt. Es ist eine Einheit, die auf Macht, auf Selbstbehauptung und auf „Ruhm" ausgerichtet ist. Die Menschen bauen selbst den Weg zum Himmel. Sie schaffen sich im Ruhm ihre eigene Unsterblichkeit. Sie brauchen Gott nicht, sondern genügen sich selbst in ihrer Macht und ihrem Können. Der solcherweise groß gewordene Mensch ist in Wahrheit ein amputierter Mensch: Seine eigentliche Größe, die Offenheit auf Gott hin, das Leben in Beziehung wird ausgelöscht. Es ist eine technizistische Einheit. Sehen wir, wie gegenwärtig Babylon ist? Die bloß technisch denkende und lebende Welt uniformiert, sie schafft eine Einheitssprache, eine Einheitskultur: Alle denken gleich, reden gleich, kleiden sich gleich, verhalten sich gleich. Aber gerade dieser Uniformismus ruft Rebellion hervor, die sich im Terrorismus äußern kann, in vielfältigen Weisen des Aufstehens gegen eine Existenz, die scheinbar alles gibt und doch alles vorenthält, den Menschen auf Macht und Lust fixiert und gerade so ohnmächtig und traurig macht. Die pfingstliche Einheit ist ganz anderer Natur: Alle hören *ihre* Sprache. Sie vereinigt in der Vielfalt. Ihre Einheit liegt nicht in der Einheit des Machens und des äußeren Könnens, sondern in einer Berührung von innen her, die die Vielfalt nicht auslöscht, sondern im gegenseitigen Geben und Nehmen alle bereichert. Denn nun gehört allen alles, und eben darum muß die Gabe aller, ihr je Eigenes zur Geltung kommen, mit dem der Schöpfer sie beschenkt hat. Etwas von der Weise, wie sich der Weg dieser pfingstlichen Einheit öffnet, wird an der Stelle erkennbar, an der Lukas die Reaktion der Hörer auf die Rede des heiligen Petrus schildert: „Als sie das hörten, traf es sie mitten ins Herz", sagt die Apostelgeschichte. Der griechische Text verwendet für diese Berührung des Herzens das Wort *katanyssomai,* das soviel bedeutet wie durchstochen werden, durchbohrt werden: Ihr Herz wird aufgerissen. Und so werden sie offen für den Herrn, der sie zugleich zueinander öffnet. Auf diese Weise bildet sich vom Pfingstgeschehen her das neue Volk, das nun nicht einen Turm baut, um selbst zum Himmel hinaufzureichen und sich im Ruhm seine eigene Ewigkeit zu schaffen. Das pfingstliche Volk ist gerade durch die Offenheit des Seins in Beziehung gekennzeichnet. Von ihm gilt: „Jeder, der den Namen des Herrn anruft, wird gerettet werden" (2,21). Dem Anrufen von seiten der Menschen entspricht das Herbeigerufenwerden von seiten Gottes, das sofort den Horizont ins

Weite der Welt und der Zukunft eröffnet: „Euch gilt diese
Verheißung und euren Kindern und allen, die der Herr,
unser Gott, von weit her herbeirufen wird" (2,39).

Der uniformistischen Universalität von Babylon tritt die
vielgestaltige neue Einheit gegenüber, die wir „Katholizität" nennen. Hier ist etwas Merkwürdiges zu beobachten. Wir stehen heute unter dem Druck der technischen
Uniformierung der Welt – das babylonische Modell wird
mit einer Konsequenz realisiert, die in der biblischen Vision nur von ferne her gesehen werden konnte. Dem-
entsprechend sind auch die Bewegungen des Zerrei-
ßens, des Aufstehens gegeneinander, der Verwirrung
und der Zerstreuung allenthalben beunruhigend gegenwärtig. Man spricht vom Zusammenprall der Kulturen
als einem unvermeidlichen Ereignis, das die Menschheit
zerstören könnte. Aber gleichzeitig wird das biblische
Modell einer Einheit, die die Kulturen nicht auflöst, sondern miteinander zum Verstehen bringt, als Vergewal-
tigung der Kulturen denunziert; die Mission, in der das
Pfingstereignis – die Predigt Petri und der anderen Apostel – weitergehen soll, wird als Dominanz einer einzigen Kultur angeklagt, gerade so, als ob es eine innere Einheit der Kulturen ohne deren Zerstörung nicht
geben könnte und dürfte. Demgegenüber muß die vom
pfingstlichen Modell her genährte christliche Mission als
die einzig wahre Alternative zum „Kampf der Kulturen"
mit allem Nachdruck verteidigt und neu zum Leben gebracht werden: Die „Katholizität", wie der Pfingstbericht
sie beschreibt und später die Väter sie ausdeuten, ist die
wahre und einzig zureichende Form von Universalität.
Sie ist Einheit vom Herzen her, von dem Herzen, das
Gott geöffnet hat und das auf ihn hin offen ist; Einheit,
in der der ganze Reichtum der Menschheit Platz hat und
in der das Eigene nicht mehr gegen das Fremde steht,

weil alles Gottes ist und gerade so uns allen erst recht zugehört. Das neue Volk bildet in seiner Katholizität mit ihrer quantitativen und extensiven Bedeutung das Haus mit den vielen Wohnungen ab (Joh 14,2), von dem der Herr als Verheißung der künftigen Welt spricht. Es ist nicht Turm der Selbstbehauptung, sondern Heimat und Bleibe der vielen. Diese Katholizität ist der Kirche als Gabe vom Herrn her gegeben und bildet eines der Kennzeichen, an denen wir sie erkennen können. Aber sie bleibt doch immer Aufgabe, auf die hin wir uns ausstrecken und so Auftrag, den wir nie ganz einholen. In dieser Spannung zwischen Gabe und Auftrag lebt die Kirche, leben wir alle. Sie ist immer wieder das Maß, an dem wir uns messen lassen müssen – das Maß, das uns im Gericht vorgelegt werden wird.

Kardinal Gantin, dem ich diese Zeilen zu seinem 80. Geburtstag gewidmet habe, ist für mich ein großes Beispiel eines wahrhaft „katholischen" Bischofs – ganz verwurzelt in der Kultur seiner Heimat und doch ganz zu Hause in der Kirche, die in allen Sprachen spricht und sie untereinander zum Verstehen bringt. So soll dieser Beitrag ein bescheidener Versuch des Dankes sein für all das, was ich in langen Jahren eines gemeinsamen Weges von ihm empfangen durfte.

Steht der Katechismus der Katholischen Kirche auf der Höhe der Zeit? Überlegungen zehn Jahre nach seiner Veröffentlichung

Der Katechismus der Katholischen Kirche, den Papst Johannes Paul II. am 11. Oktober 1992 mit der Apostolischen Konstitution *Fidei depositum* der Christenheit übergab, antwortete einerseits auf eine Erwartung, die in allen Teilen der Kirche lebendig war; andererseits stieß er auf eine Mauer der Skepsis, ja der Ablehnung in Teilen der katholischen Intelligenz der westlichen Welt. Nach dem epochalen Umbruch des II. Vatikanischen Konzils erschienen die bis dahin verwendeten katechetischen Hilfsmittel als unzulänglich, nicht mehr auf der Höhe des Glaubensbewußtseins, wie es sich im Konzil Ausdruck verschafft hatte. Ein vielfältiges Experimentieren begann – ähnlich wie auch in der Liturgie. Bei allem Wertvollen, das dabei im einzelnen zu Tage kommen mochte, fehlte weithin der Blick aufs Ganze. Es schien fraglich geworden, was nach dem großen Umbruch noch in Geltung stand oder nicht. So warteten Hirten und Gläubige auf ein neues Textbuch, an dem sich die Katechese orientieren konnte und in dem die Synthese des Katholischen auf den vom Konzil gezogenen Linien wieder sichtbar werden würde. Ein Teil der Theologen und der Spezialisten der Katechese stand dem aus dem begreiflichen Trieb des Intellektuellen entgegen, möglichst weiträumig experimentieren zu können. Glaubensgewißheit erschien als Gegensatz zur Freiheit und Offenheit der immer weitergehenden Reflexion. Aber Glaube ist nicht zuerst ein Nährstoff für intellektuelle Experimente, sondern der feste Grund – die Hypostase, sagt der Hebräerbrief (11,1) –, auf dem wir leben und sterben können. Und wie die Wissenschaft durch errungene Gewißheiten nicht behindert wird, sondern eben die errungenen Gewißheiten die Bedingung ihres Fortschritts sind, so öffnen auch die Gewißheiten, die der Glaube uns schenkt, immer neue Horizonte, während das fortwährende In-sich-Kreisen der experimentierenden Reflexion am Ende langweilig wird.

In dieser Situation gab es auf der einen Seite eine große Dankbarkeit für den Katechismus, an dessen Entstehen alle Teilkirchen, Bischöfe, Priester und Laien mitgewirkt hatten; andererseits auch eine feindselige Abweisung, die sich immer neue Gründe zusammensuchte. Die angeblich zentralistische Entstehungsweise wurde kritisiert, was einfach der historischen Wahrheit kraß widerspricht. Der Inhalt selbst wurde als statisch, dogmatisch, „vorkonziliar" perhorresziert. Der Katechismus habe die theologische, besonders die exegetische Entwicklung des letzten Jahrhunderts verschlafen, so wurde gesagt, er sei nicht ökumenisch, er sei nicht dialogisch, sondern apodiktisch-behauptend. Von einer Aktualität seiner Lehre könnte demnach keine Rede sein – damals, vor zehn Jahren nicht, und heute natürlich noch viel weniger.

Bedeutung und Grenze eines Katechismus

Was ist von solchen Auffassungen zu halten? Um sie ins rechte Licht zu rücken und mit ihren Vertretern in einen Dialog zu kommen – sofern sie dazu bereit sind –, muß man zunächst das Wesen eines Katechismus und sein ihm eigenes Genus bedenken. Der Katechismus ist nicht ein Buch der Theologie, sondern des Glaubens bzw. der Glaubenslehre. Diese grundlegende Unterscheidung ist im heutigen theologischen Bewußtsein oft nicht genügend gegenwärtig. Die Theologie erfindet nicht auf dem

Weg intellektueller Reflexion, was man glauben kann oder nicht – dann wäre der christliche Glaube ganz Produkt unseres eigenen Denkens und von Religionsphilosophie nicht verschieden. Theologie, wenn sie sich recht versteht, ist vielmehr das Bemühen, eine ihr vorausgehende Gabe der Erkenntnis zu verstehen. Der Katechismus zitiert in diesem Zusammenhang das bekannte Wort des heiligen Augustinus, in dem das Wesen theologischen Mühens klassisch zusammengefaßt ist: „Ich glaube, um zu verstehen, und ich verstehe, um besser zu glauben" (Nr. 158; sermo 43,7,9). Zur Theologie gehört konstitutiv die Relation zwischen der Vorgabe, die uns von Gott im Glauben der Kirche geschenkt ist, und unserem Mühen, uns diese Vorgabe in rationalem Verstehen anzueignen. Der Katechismus ist dazu da, diese Vorgabe, die in der Kirche gewachsene lehrmäßige Ausformung des Glaubens darzubieten; er ist Glaubensverkündigung und nicht Theologie, wenn natürlich auch zu einer angemessenen Darstellung der Glaubenslehre der Kirche das verstehende Mitdenken gehört und insofern Glaube auf Verstehen und auf Theologie hin geöffnet wird. Dennoch wird der Unterschied zwischen Verkündigung bzw. Bezeugung einerseits und theologischer Reflexion andererseits nicht aufgehoben.

Damit ist nun auch schon das sprachliche Genus des Katechismus berührt, das aus seiner Aufgabe folgt. Seine Sprachgestalt ist grundsätzlich nicht der Disput – die „quaestio disputata" als klassischer Ausdruck theologischer Arbeit. Seine Sprachgestalt ist vielmehr das Zeugnis, die aus der inneren Gewißheit des Glaubens kommende Verkündigung. Auch hier gibt es Übergänge: Auch das Zeugnis wendet sich an den anderen und nimmt daher auf seinen Verstehenshorizont Bezug. Auch das Zeugnis trägt in sich das verstehende Aufnehmen des empfangenen Wortes, aber es bleibt doch wiederum charakteristisch verschieden von der Sprache der wissenschaftlich suchenden Vernunft. Im Fall des Katechismus der Katholischen Kirche kommt noch ein weiterer Faktor dazu: Der Adressat dieses Buches, an dem jede Art von Dialogik hängt, ist sehr weitläufig und vielschichtig. Der Papst nennt im vierten Punkt der vorhin erwähnten Apostolischen Konstitution die Skala der Empfänger, denen das Buch zugedacht ist: die Hirten und Gläubigen, wobei besonders an die in der Katechese tätigen Glieder der Kirche gedacht ist, dann „alle Gläubigen", des weiteren den ökumenischen Bereich, und schließlich – so sagt der Papst – ist dieses Buch „einem jeden Menschen angeboten, der uns nach dem Grund unserer Hoffnung fragt (vgl. 1 Petr 3,15) und kennenlernen möchte, was die katholische Kirche glaubt." Wenn man bedenkt, daß damit nicht nur sehr unterschiedliche Bildungsstufen, sondern alle Kontinente und ganz verschiedene kulturelle Situationen angesprochen sind, so ist klar, daß dieses Buch nicht die Endstufe eines Weges der Vermittlungen darstellen kann, sondern auf weitere situationsnähere Vermittlungen setzen muß. Wenn es für einen bestimmten Kreis – etwa westliche Intellektuelle – zu direkt „dialogisch" wird, ihren Stil sich aneignet, wird es für alle anderen nur um so unzugänglicher. Deswegen mußte sein Stil sich sozusagen oberhalb konkreter kultureller Kontexte ansiedeln und versuchen, den Menschen als solchen anzusprechen, weitere kulturelle Vermittlungen aber den jeweiligen Ortskirchen überlassen. Daß der Katechismus in ganz unterschiedlichen Ländern und sozialen Milieus positiv angenommen worden ist, zeigt, daß das Bemühen um Verständlichkeit über Bildungs- und Kulturgrenzen hinweg überraschend gut gelungen ist. Daß es möglich sein muß, das, was wir glauben, auch gemeinsam sprachlich auszudrücken und also ein solches Buch zu verfassen, sollte nicht bestritten werden. Denn wenn das nicht ginge, wäre Einheit der Kirche, Einheit des Glaubens, Einheit der Menschheit eine Fiktion.

Aber wie sieht es nun – von diesen formalen Problemen abgesehen – mit der inhaltlichen Lehr-Aktualität des Katechismus aus? Wenn man darauf angemessen antworten wollte, müßte man der Reihe nach seine einzelnen Stücke von Anfang bis zu Ende durchgehen. Man würde dann eine Menge kostbarer Entdeckungen machen und sehen können, wie tief der Katechismus von den Impulsen des II. Vatikanischen Konzils geprägt ist, wie sehr er gerade in seiner fachlich-theologischen Enthaltsamkeit auch für die theologische Arbeit neue Anstöße gibt. Lehrreich wäre eine transversale Sicht verschiedener Themen wie etwa Ökumenismus, Verhältnis Israel-Kirche, Beziehung zwischen Glaube und Weltreligionen, Glaube und Schöpfung, Symbole und Zeichen usw. Das alles kann hier nicht geschehen. Ich möchte mich auf einige exemplarische Aspekte beschränken, die in der öffentlichen Debatte eine besondere Rolle gespielt haben.

Der Schriftgebrauch im Katechismus

Besonders lautstark waren die Angriffe auf den Schriftgebrauch des Katechismus. Er habe (wie schon gesagt) ein ganzes Jahrhundert exegetischer Arbeit verschlafen; er sei darum zum Beispiel naiv genug, Texte des Johannesevangeliums für die historische Gestalt Jesu zu zitieren; er sei von einem schon fundamentalistisch zu nennenden Buchstabenglauben geprägt usw. Nun mußte in der Tat bei dem eben angedeuteten spezifischen Auftrag des Katechismus sehr sorgsam darüber nachgedacht werden, wie dieses Buch mit der historisch-kritischen Exegese umzugehen habe. Bei einem Werk, das den Glauben – nicht Hypothesen – darstellen soll und das auf längere Zeit „sicherer und authentischer Bezugspunkt für die Darlegung der katholischen Lehre" (so der Papst in der Apostolischen Konstitution, Nr. 4) sein soll, mußte man im Auge behalten, wie schnell exegetische Hypothesen wechseln und wie groß der Dissens auch synchron bezüglich vieler Thesen in Wahrheit ist. Der Katechismus hat deshalb einen eigenen Artikel – die Nummern 101–141 des Buches – der thematischen Reflexion über den rechten Umgang mit der Schrift in der Bezeugung des Glaubens gewidmet. Dieser Teil ist von bedeutenden Exegeten als eine geglückte methodologische Summe gewürdigt worden, die sich der Frage nach dem Wesen einer nicht bloß historischen, sondern eigentlich theologischen Schriftauslegung stellt. Dabei ist vorweg die Frage zu beantworten: Was ist das eigentlich, die Heilige Schrift? Was macht diese einigermaßen heterogene Literatursammlung, deren Entstehungszeit ein rundes Jahrtausend umspannt, zu einem Buch, zu einem heiligen Buch, das man als solches auslegt? Geht man dieser Frage nach, so wird das ganz Spezifische des christlichen Glaubens und seines Offenbarungsverständnisses deutlich. Der christliche Glaube hat seine Eigentümlichkeit zunächst darin, daß er sich auf geschichtliche Ereignisse, besser: auf eine zusammenhängende Geschichte bezieht, die sich als Geschichte in der Tat ereignet hat. Insofern ist ihm die Frage nach dem Faktum, nach dem realen Ereignis wesentlich, und deswegen muß er der historischen Methode Raum geben. Aber diese geschichtlichen Ereignisse sind für den Glauben doch nur bedeutsam, weil er gewiß ist, daß darin Gott selbst auf eine spezifische Weise gehandelt hat und daß die Ereignisse einen Überschuß über die bloße historische Faktizität hinaus in sich tragen, der von anderswo her kommt und ihnen Bedeutung für alle Zeit wie für alle Menschen gibt. Dieser Überschuß ist nicht von den Fakten zu trennen, nicht eine ihnen von außen her nachträglich zugelegte Bedeutung, sondern im Ereignis selbst gegenwärtig, aber er transzendiert doch die bloße Faktizität. In eben dieser dem Faktum eingesenkten Transzendierung liegt die Bedeutung der ganzen biblischen Geschichte. Diese spezifische Struktur der biblischen Geschichte schlägt sich in den biblischen Büchern nieder: Sie sind einerseits Ausdruck der Geschichtserfahrung dieses Volkes, aber weil die Geschichte selbst mehr als Aktion und Passion des Volkes ist, spricht in diesen Büchern doch nicht nur das Volk, sondern der in ihm und durch es handelnde Gott. Die Gestalt des „Verfassers", die für die historische Forschung so wichtig ist, ist also dreifach gestuft: Der individuelle Verfasser ist getragen vom Volk als ganzem. Das zeigt sich gerade in den immer neuen Fortschreibungen und Umschreibungen der Bücher; hier hat uns die Quellenkritik (trotz vieler Übertreibungen und ungedeckter Hypothesen) wertvolle Erkenntnisse geschenkt. Am Ende ist es nicht bloß ein individueller Verfasser, der spricht, sondern die Texte wachsen in einem Prozeß der Reflexion, der Kultur, des neuen Verstehens, der jeden einzelnen Verfasser überschreitet. Aber gerade in diesem Prozeß der Überschreitungen, der alle individuellen Verfasser relativiert, ist eine tiefere Transzendierung am Werk: In diesem Prozeß der Überschreitungen, der Reinigungen, des Wachsens ist der inspirierende Geist wirksam, der im Wort die Taten und Ereignisse führt und in den Ereignissen und Taten wieder zum Wort treibt.

Wer diese hier nur ganz grob angedeutete Dramatik der Schriftwerdung des biblischen Wortes bedenkt, sieht ohne weiteres, daß seine Auslegung – selbst unabhängig von eigentlich gläubigen Fragestellungen – äußerst komplex sein muß. Wer aber im Glauben dieses Volkes selber lebt und in seinem inneren Prozeß steht, muß beim Auslegen auch der letzten Instanz Rechnung tragen, die er darin wirksam weiß. Erst dann kann von theologischer Auslegung die Rede sein, die zwar die historische nicht aufhebt, aber ausweitet auf eine neue Dimension hin. Von solchen Einsichten her hat der Katechismus die doppelte Dimension rechter biblischer Auslegung beschrieben, zu der einerseits die typischen Wege historischer Interpretation gehören, aber dann – wenn man diese Literatur für *ein* Buch, und zwar ein heiliges Buch hält – weitere methodische Formen hinzutreten müssen. In den Nummern 109 und 110 werden im Anschluß an *Dei Verbum* 12 die wesentlichen historischen Erfordernisse genannt: auf die Aussageabsicht der Verfasser achten, die Verhältnisse ihrer Zeit und ihrer Kultur sowie die damals geläufigen Denk-, Sprech- und Erzählungsformen berücksichtigen (Nr. 110). Aber dazu müssen dann auch jene methodischen Elemente treten, die aus dem Verständnis der Bücher als ein Buch und als Lebensgrundlage des Gottesvolkes in Altem und Neuem Bund folgen: auf den Inhalt und die Einheit der ganzen Schrift achten; die Schrift in der lebendigen Überlieferung der gesamten Kirche lesen; auf die Analogie des Glaubens achten (Nr. 112–114). Ich möchte wenigstens den schönen Text zitieren, mit dem der Katechismus die Bedeutung der Einheit der Schrift darstellt und mit einem Thomas-Zitat illustriert: „Wie unterschiedlich auch die Bücher sind, aus denen sie sich zusammensetzt, bildet die Schrift doch eine Einheit aufgrund der Einheit des Planes Gottes, dessen Zentrum und Herz Jesus Christus ist. Seit Ostern ist dieses Herz geöffnet: ‚Unter Herz Christi ist die Heilige Schrift zu verstehen, die das Herz

Christi kundtut. Dieses Herz war vor der Passion verschlossen, denn die Schrift war dunkel. Nach der Passion aber ist die Schrift geöffnet, damit diejenigen, die sie jetzt verstehen, erwägen und unterscheiden, wie die Weissagungen auszulegen sind' (Thomas von Aquin, Psalm 21,11)" (Nr. 112).

Aus diesem komplexen Wesen des literarischen Gebildes „Bibel" ergibt sich auch von selbst, daß man die Bedeutung ihrer einzelnen Texte nicht auf die historische Aussageintention des – meist hypothetisch ermittelten – ersten Verfassers fixieren kann. Alle Texte stehen ja in einem Prozeß der Fortschreibungen, in denen sich ihr Sinnpotential immer weiter öffnet, und kein Text gehört daher bloß einem einzelnen historischen Autor zu. Weil der Text selbst Prozeßcharakter hat, ist es auch von seinem eigenen literarischen Wesen her nicht statthaft, ihn auf einen bestimmten historischen Augenblick zu fixieren und ihn darin abzuschließen, womit er zugleich in die Vergangenheit hinein fixiert würde, während die Schrift als Bibel zu lesen gerade bedeutet, daß man im historischen Wort Gegenwart findet und Zukunft sich öffnet. Die Lehre vom mehrfachen Schriftsinn, die von den Vätern entwickelt und im Mittelalter systematisiert wurde, wird heute vom Wesen dieses eigentümlichen Textgebildes her wieder als wissenschaftlich angemessen erkannt. Der Katechismus erläutert daher kurz die traditionelle Auffassung von den vier Schriftsinnen – besser würde man wohl von vier Dimensionen des Textsinnes sprechen. Da ist zunächst der sogenannte buchstäbliche Sinn, das heißt die historisch-literarische Bedeutung, die man als Aussage des historischen Augenblicks der Textentstehung nachzuzeichnen versucht. Da ist der sogenannte „allegorische" Sinn. Leider verstellt uns dieses diskreditierte Wort die Sache, um die es geht: Im damaligen

Wort einer bestimmten historischen Konstellation scheint doch ein Weg des Glaubens durch, der diesen Text ins Ganze der Bibel einordnet und über das Damalige hinaus allezeit von Gott her und auf Gott hin ordnet. Da ist dann die moralische Dimension – das Wort Gottes ist immer auch Wegweisung, und endlich die eschatologische Dimension, die Überschreitung ins Endgültige hinein und das Zugehen darauf; die Überlieferung nennt das „anagogischer Sinn".

Diese dynamische Sicht der Bibel im Kontext der gelebten und weitergehenden Geschichte des Gottesvolkes führt dann zu einer weiteren wichtigen Einsicht über das Wesen des Christentums: „Der christliche Glaube ist jedoch nicht eine ‚Buchreligion'", sagt der Katechismus lapidar (Nr. 108). Dies ist eine äußerst wichtige Aussage. Der Glaube bezieht sich nicht einfach auf ein Buch, das als solches einzige und letzte Instanz für den Glaubenden wäre. In der Mitte des christlichen Glaubens steht nicht ein Buch, sondern eine Person – Jesus Christus, der selbst das lebendige Wort Gottes ist und sich sozusagen in den Wörtern der Schrift auslegt, die aber umgekehrt immer nur im Leben mit ihm, in der lebendigen Beziehung zu ihm recht verstanden werden können. Und da sich Christus die Kirche, das Gottesvolk, als seinen lebendigen Organismus, seinen „Leib" gebaut hat und baut, gehört zur Beziehung zu ihm das Mitsein mit dem pilgernden Volk, das der eigentlich menschliche Autor und Eigentümer der Bibel ist, wie wir hörten. Wenn der lebendige Christus die eigentliche Norm der Bibelauslegung ist, so bedeutet dies, daß wir dieses Buch nur recht verstehen im gemeinsamen synchronen und diachronen Glaubensverständnis der ganzen Kirche. Außerhalb dieses Lebenszusammenhangs ist die Bibel bloß eine mehr oder weniger heterogene Literatursammlung, nicht gegenwärtige Wegweisung für unser Leben. Schrift und Überlieferung sind nicht zu trennen. Diesen notwendigen Zusammenhang hat in unübertrefflicher Weise der große Tübinger Theologe Johann Adam Möhler in seinem klassischen Werk „Die Einheit in der Kirche" dargestellt, dessen Lektüre nicht nachdrücklich genug empfohlen werden kann. Der Katechismus stellt diesen Zusammenhang heraus, in dem zugleich die Auslegungsautorität der Kirche eingeschlossen ist, wie sie ausdrücklich der zweite Petrusbrief bezeugt: „Wißt vor allem dies: Ein prophetisches Wort der Schrift ist nicht Sache eigener Deutung ..." (1,20).

Erfreulicherweise darf sich der Katechismus mit dieser Sicht der Schriftauslegung in Übereinstimmung mit wesentlichen Tendenzen der neueren Exegese wissen. Die kanonische Schriftauslegung stellt die Einheit der Bibel als Prinzip der Interpretation heraus; synchrone und diachrone Interpretation werden immer mehr in ihrer Gleichrangigkeit anerkannt. Der wesentliche Zusammenhang von Schrift und Überlieferung wird von namhaften Exegeten aller Konfessionen herausgestellt; es wird sichtbar, daß eine vom Leben der Kirche und von ihren geschichtlichen Erfahrungen gelöste Auslegung unverbindlich bleibt und über das Genus der Hypothese nicht hinauskommen kann, das mit der jederzeitigen Überholbarkeit des augenblicklich Gesagten rechnen muß. Es besteht aller Grund, die voreiligen Urteile über den hinterwäldlerischen Charakter der Schriftauslegung des Katechismus zu revidieren und sich zu freuen, daß er unbefangen die Schrift als gegenwärtiges Wort liest und daher sich in all seinen Teilen von der Schrift als lebendigem Quell durchformen lassen konnte.

Die Lehre von den Sakramenten im Katechismus

Lassen Sie mich nun noch einiges zur Aktualität des zweiten und dritten Teils unseres Buches sagen. Die ganz vom Vaticanum II her bestimmte Neuheit des den Sakramenten gewidmeten zweiten Teils wird gleich an dessen Titel sichtbar: „Die Feier des christlichen Mysteriums". Das bedeutet, daß die Sakramente zum einen Teil ganz geschichtlich, vom Paschamysterium – der österlichen Mitte von Christi Leben und Werk – her gefaßt werden, als Vergegenwärtigung des österlichen Geheimnisses, in das wir hineingezogen werden. Es bedeutet zum anderen, daß die Sakramente ganz liturgisch, von der konkreten gottesdienstlichen Feier her ausgelegt sind. Der Katechismus hat damit gegenüber der traditionellen neuscholastischen Sakramentenlehre einen wichtigen Schritt getan. Schon die mittelalterliche Theologie hatte die theologische Betrachtung der Sakramente weitgehend vom gottesdienstlichen Vollzug abgelöst und abgehoben davon nach den Kategorien Einsetzung, Zeichen, Wirkung, Spender und Empfänger abgehandelt, wobei nur die Abschnitte über das Zeichen den Bezug zur liturgischen Feier herstellten. Freilich wurde auch das Zeichen nicht so sehr von der lebendigen gottesdienstlichen Gestalt her gesehen, sondern nach den philosophischen Kategorien Materie und Form analysiert. So traten Gottesdienst und Theologie immer mehr auseinander; die Dogmatik legte nicht den Gottesdienst aus, sondern seine abstrakten theologischen Gehalte, so daß die Liturgie fast wie eine Zeremoniensammlung erscheinen mußte, die das Eigentliche – Materie und Form – umkleidete und daher auch ersetzbar sein konnte. Umgekehrt wurde die „Liturgik" (sofern man von einer solchen sprechen konnte) zu einer Lehre von den geltenden gottesdienstlichen Normen und näherte sich so eine Art von juristischem Positivismus. Die Liturgische Bewegung der zwanziger Jahre hat diese gefährliche Trennung zu überwinden versucht und sich gemüht, von der gottesdienstlichen Gestalt her das Wesen des Sakraments zu verstehen; Liturgie nicht bloß als mehr oder weniger zufällige Zeremoniensammlung vorzustellen, sondern als den von innen her gewachsenen, angemessenen Ausdruck des Sakraments in der gottesdienstlichen Feier. Die Liturgie-Konstitution des II. Vaticanums hat diese Synthese eindrucksvoll, wenn auch in einer sehr knappen Weise herausgestellt und damit der Theologie wie der Katechese die Aufgabe vorgegeben, von diesem Zusammenhang her den Gottesdienst der Kirche und ihre Sakramente neu und tiefer zu verstehen. Leider ist dieser Auftrag bisher kaum erfüllt worden. Die Liturgik tendiert erneut dazu, sich von der Dogmatik abzulösen und als eine Art von Technik der gottesdienstlichen Feier zu etablieren. Umgekehrt hat auch die Dogmatik die liturgische Dimension noch nicht überzeugend aufgenommen. Mancher verfehlte Reformeifer beruht darauf, daß man weiterhin die liturgische Gestalt bloß als Zeremoniensammlung ansieht, die man beliebig durch andere Einfälle ersetzen kann. Demgegenüber finden sich im Katechismus aus der Tiefe wirklichen liturgischen Verstehens heraus die goldenen Worte: „Darum darf kein sakramentaler Ritus nach dem Belieben der Amtsträger oder der Gemeinde abgeändert oder manipuliert werden. Selbst die höchste Autorität der Kirche kann die Liturgie nicht nach Belieben ändern, sondern nur im Glaubensgehorsam und in Ehrfurcht vor dem Mysterium der Liturgie" (Nr. 1125). Der Katechismus hat mit seinem Traktat über die Liturgie, der den Sakramententeil eröffnet und prägt, einen großen Schritt nach vorn getan und ist daher von maßgebenden Liturgikern, zum Beispiel von dem Trierer Gelehrten Balthasar Fischer, mit großem Lob bedacht worden.

Ohne auf Einzelheiten einzugehen, möchte ich stichwortartig auf einige Aspekte der Sakramentenlehre des Katechismus hinweisen, in denen die Aktualität seiner Lehre exemplarisch sichtbar werden kann. Der Absicht, die einzelnen Sakramente von ihrer liturgischen Feiergestalt her zu erklären, stand zunächst die Tatsache entgegen, daß die Liturgie der Kirche in einer Mehrzahl von Riten besteht, also eine einheitliche Liturgiegestalt für die Gesamtkirche nicht existiert. Dies bedeutete kein Problem für einen Katechismus, der nur der westlichen (lateinischen) Kirche oder einer Teilkirche in ihr zugeordnet ist. Aber ein Katechismus, der wie der unsrige im strengen Sinn „katholisch" sein will, also die eine Kirche in der Vielheit ihrer Riten anspricht, darf nicht *einen* Ritus exklusiv privilegieren. Wie soll man dann vorgehen? Der Katechismus zitiert zunächst wörtlich den ältesten Text einer Beschreibung der christlichen Eucharistiefeier, den Justinus der Märtyrer ungefähr im Jahr 155 nach Christus in einer an den heidnischen Kaiser Antoninus Pius (138–161) gerichteten Apologie des Christentums aufgezeichnet hat (Nr. 1345). Aus diesem Grundtext der Überlieferung, der den einzelnen Ritenbildungen vorausgeht, kann die wesentliche Struktur der eucharistischen Feier erhoben werden, die in allen Riten gemeinsam geblieben ist – „die Messe aller Jahrhunderte". Der Rückgriff auf diesen Text erlaubt es so zugleich, die einzelnen Riten besser zu verstehen und in ihnen das gemeinsame Gerüst des christlichen Zentralsakraments zu entdecken, das letztlich auf die Zeit der Apostel und so auf die Einsetzung durch den Herrn selbst zurückgeht. Die hier gefundene Lösung ist bezeichnend für die Gesamtkonzeption des Katechismus, der nie nur westlich sein durfte und – was die Ostkirchen angeht – auch nie bloß byzantinisch, sondern auf die gesamte Breite der Tradition Rücksicht nehmen mußte. Zu den Kostbarkeiten dieses Buches gehört die große Zahl von Texten der Kirchenväter und der Glaubenszeugen aller Jahrhunderte – Männer wie Frauen –, die in ihn eingewoben ist. Ein Blick auf das Register zeigt, daß den Vätern des Ostens wie denen des Westens weiter Raum gegeben ist, daß aber gerade auch die Stimmen heiliger Frauen kraftvoll gegenwärtig sind, von Jeanne d'Arc, Juliana von Norwich, Katharina von Siena zu Rosa von Lima, zu Theresia von Lisieux und Theresia von Avila hin. Allein dieser Schatz von Zitaten gibt dem Katechismus seinen Wert für die persönliche Betrachtung wie für den Dienst der Verkündigung.

Ein weiterer Zug in der Kulttheologie des Katechismus, auf den ich hinweisen möchte, liegt in der Betonung der pneumatologischen Dimension der Liturgie, wobei gerade die Pneumatologie – die Lehre vom Heiligen Geist – ein Thema ist, bei dem man den Katechismus transversal lesen muß, um seine besondere Physiognomie kennenzulernen. Da ist grundlegend der Abschnitt über den Heiligen Geist im Rahmen der Auslegung des Glaubensbekenntnisses (Nr. 683–747). Das Buch stellt zuerst die innere Verschränkung von Christologie und Pneumatologie heraus, die etwa schon im Namen Messias – Christus –, der Gesalbte sichtbar wird, denn unter der „Salbung" versteht die Überlieferung das Durchdrungensein Christi vom Heiligen Geist, der lebendigen „Salbe". Besonders wichtig und hilfreich finde ich den Passus über die Bilder des Heiligen Geistes (Nr. 694–701), bei dem auch ein typischer Aspekt des Katechismus zum Vorschein kommt: seine Achtsamkeit auf Bilder und Symbole. Er denkt nicht nur von abstrakten Begriffen her, sondern rückt gerade die Symbole in den Vordergrund, die uns innere Anschauung schenken, die Transparenz des Kosmos für das Geheimnis Gottes aufzeigen und zugleich die Beziehung zur Welt der Religionen öffnen. Mit dem Akzent auf Bild und Symbol sind wir ohnedies wieder von selbst im Bereich liturgischer Theologie, da ja die liturgische Feier wesentlich vom Symbol lebt. Das Thema Heiliger Geist kehrt dann in der Lehre von der Kirche wieder (Nr. 797–810) – hier als Aspekt einer wesentlich trinitarischen Sicht der Kirche. Und dann finden wir es wieder ausführlich im Sakramententeil (Nr. 1091–1112), auch hier als Teil einer trinitarischen Bestimmung der Liturgie. Die pneumatologische Betrachtung der Liturgie hilft noch einmal, die Schrift – Werk des Heiligen Geistes – recht zu verstehen: Im Kirchenjahr durchwandert die Kirche die ganze Heilsgeschichte und erfährt – die Schrift geistlich, das heißt vom inspirierenden Autor Heiliger Geist her lesend – das Heute dieser Geschichte. Von da aus – von der Herkunft der ganzen Schrift aus dem *einen* Geist – wird dann auch die innere Einheit von Altem und Neuem Bund verstehbar; dies ist für den Katechismus zugleich der Punkt, um auf die tiefen Zusammenhänge zwischen jüdischer und christlicher Liturgie zu verweisen (Nr. 1096). In Klammern mag dabei angemerkt werden, daß gerade auch das Thema Kirche und Israel ein transversales Thema ist, das das ganze Werk durchquert und nicht von einer einzelnen Passage her beurteilt werden kann. Daß die starke Betonung der Pneumatologie den Katechismus zugleich mit den Kirchen des Ostens verbindet, muß wohl nicht eigens angemerkt werden.

Schließlich hat der Katechismus auch dem Thema Kult und Kultur die gebührende Aufmerksamkeit geschenkt. Von Inkulturation kann ja sinnvoll nur geredet werden, wenn die Dimension der Kultur dem Kult als solchen wesentlich ist. Und wiederum kann interkulturelle Begegnung bloß dann mehr als eine künstlich aufgesetzte

Äußerlichkeit sein, wenn in den gewachsenen rituellen Gestalten des christlichen Kultes eine innere Berührung mit anderen Kulten und kulturellen Formen vorgegeben ist. Der Katechismus hat deswegen die kosmische Dimension der christlichen Liturgie deutlich herausgestellt, die für ihre Auswahl und Deutung der Symbole wesentlich ist. Er sagt in diesem Zusammenhang: „Die großen Religionen der Menschheit zeugen oft eindrucksvoll von diesem kosmischen und religiösen Sinn der religiösen Riten. Die Liturgie der Kirche benötigt, integriert und heiligt Elemente der Schöpfung und der menschlichen Kultur, indem sie ihnen die Würde von Zeichen der Gnade, der Neuschöpfung in Jesus Christus verleiht" (Nr. 1149). Leider ist die Liturgiereform in Teilen der Kirche einseitig intellektuell – als Form religiöser Belehrung – aufgefaßt und dabei oft kulturell auf eine bedenkliche Weise verarmt worden, im Bereich der Bilder wie der Musik wie der Gestaltung des liturgischen Raumes und der Feier. Mit einer einseitig auf die Gemeinde gerichteten Interpretation, die nur auf die Bedürfnisse der Anwesenden schauen wollte, ist der große kosmische Atem der Liturgie und so ihre Weite und Dynamik vielfach bedenklich verkürzt worden. Gegen solche Fehlformen der Reform bietet der Katechismus die nötigen Hilfsmittel an, auf die gerade die neue Generation wartet.

Die christliche Sittenlehre im Katechismus

Werfen wir zuletzt noch einen Blick auf den dritten Teil des Katechismus „Das Leben in Christus", in dem die christliche Sittenlehre behandelt wird. Bei der Ausarbeitung des Buches war dies zweifellos der schwierigste Teil – zum einen angesichts aller Uneinigkeiten, die es über die Konstruktionsprinzipien christlicher Moral gibt, zum anderen angesichts der schwierigen Probleme im

Bereich der politischen Ethik, der Sozialethik und der Bioethik, die sich in einem ständigen Entwicklungsprozeß angesichts stets neuer Fakten befinden, wie auch im Bereich der Anthropologie, weil hier der Streit um Ehe und Familie, um die Ethik der Sexualität im vollen Gange ist. Der Katechismus erhebt nicht den Anspruch, die einzig mögliche oder auch nur die beste Systemgestalt der Moraltheologie darzubieten – das war nicht seine Aufgabe. Er zeigt die wesentlichen anthropologischen und theologischen Zusammenhänge auf, die für das moralische Handeln der Menschen konstitutiv sind. Seinen Ausgangspunkt findet er in der Darstellung der Würde des Menschen, die seine Größe und zugleich auch der Grund seiner Verpflichtung ist. Dann zeigt er als innere Triebkraft und Wegweisung des sittlichen Handelns das Verlangen des Menschen auf, glücklich zu werden. Der Urtrieb des Menschen, den niemand verleugnen kann und dem sich niemand letztlich entgegenstellt, ist sein Verlangen nach Glück, nach einem gelungenen, erfüllten Leben. Moral ist für den Katechismus, im Anschluß an die Väter, besonders Augustinus, Lehre vom geglückten Leben – sozusagen die Entfaltung der Spielregeln zum Glück. Das Buch verbindet diesen urmenschlichen Gedanken mit den Seligpreisungen Jesu, die den Begriff des Glücks von aller Banalisierung lösen, ihm seine wahre Tiefe geben und so den Zusammenhang mit dem Guten überhaupt, dem Guten in Person – Gott – und dem Glück sichtbar werden lassen. Dann werden die Grundkomponenten moralischen Handelns – Freiheit, Objekt und Intention des Handelns, die Leidenschaften, das Gewissen, die Tugenden, ihre Verfehlung in der Sünde, der soziale Charakter des Menschseins sowie schließlich das Verhältnis von Gesetz und Gnade entfaltet. Christliche Moraltheologie ist nie einfach Gesetzesethik, sie überschreitet aber auch den Rahmen einer Tugendethik: Sie ist dialogische Ethik, weil das sittliche Handeln des Menschen sich aus der Begegnung mit Gott entfaltet, also nie mehr bloß eigenes, autarkes und autonomes Tun, bloße menschliche Leistung ist, sondern Antwort auf die Gabe der Liebe und so Einbezogenwerden in die Dynamik der Liebe – Gottes Selbst –, die erst den Menschen wirklich freimacht und zu seiner wahren Höhe bringt. Moralisches Handeln ist daher nie einfach eigene Leistung, aber nie auch nur von außen aufgepfropft. Das wahre moralische Tun ist ganz Geschenk und doch gerade so ganz unser eigenes Tun, weil eben das Eigene sich nur im Geschenk der Liebe entfaltet und weil umgekehrt das Geschenk den Menschen nicht entmächtigt, sondern zu sich selber bringt.

Ich glaube, es ist sehr wichtig, daß der Katechismus die Lehre von der Rechtfertigung im Herzen seiner Ethik angesiedelt hat, weil gerade so die Verschränkung von Gnade und Freiheit, das Sein-vom-Anderen her als wahres Sein in sich selbst und zum anderen hin verständlich wird. Bei der Debatte um den Rechtfertigungskonsens zwischen Katholiken und Protestanten ist zu Recht immer wieder die Frage gestellt worden, wie überhaupt Rechtfertigungslehre für den Menschen heute wieder verständlich und bedeutsam werden könne. Ich glaube, daß der Katechismus mit seiner Darstellung des Themas im Rahmen der anthropologischen Frage nach dem rechten Handeln des Menschen einen großen Schritt getan hat, um solches neues Verstehen zu ermöglichen. Um zu zeigen, in welchem Geist der Rechtfertigungstraktat des Katechismus verfaßt ist, möchte ich einfach drei Passagen daraus zitieren, die er seinerseits wieder aus der großen Tradition der Väter und der Heiligen aufnimmt. „Der heilige Augustinus ist der Ansicht, daß ‚die

Rechtfertigung der Gottlosen ein größeres Werk ist als die Erschaffung des Himmels und der Erde', denn ‚Himmel und Erde werden vergehen, während das Heil und die Rechtfertigung der Auserwählten bleiben wird' (ev. Joa. 72,3). Er meint sogar, die Rechtfertigung der Sünder übertreffe die Erschaffung der Engel in Gerechtigkeit, da sie von einem noch größeren Erbarmen zeuge" (Nr. 1994). Dazu ein weiteres Augustinus-Zitat – ein Gebet des Heiligen, in dem er zu Gott sagt: „Wenn du am Ende deiner sehr guten Werke am siebten Tag geruht hast, dann um uns durch die Stimme deines Buches im voraus zu sagen, daß auch wir am Ende unserer Werke, die deshalb ‚sehr gut' sind, weil du sie uns geschenkt hast, am Sabbat des ewigen Lebens in dir ruhen werden (conf. 13,36,51)" (Nr. 2002). Dazu noch das wunderbare Wort der heiligen Theresia von Lisieux: „Nach der Verbannung auf Erden hoffe ich, in der Heimat mich an dir zu erfreuen; aber ich will nicht Verdienste für den Himmel sammeln, sondern allein für deine Liebe arbeiten ... Am Ende dieses Lebens werde ich mit leeren Händen vor dir erscheinen; denn ich bitte dich nicht, o Herr, meine Werke zu zählen. All unsere Gerechtigkeit ist voll Makel in deinen Augen! Ich will mich also mit deiner eigenen Gerechtigkeit bekleiden und von deiner Liebe den ewigen Besitz deiner selbst erlangen" (Nr. 2011). Der Teil über die Rechtfertigung ist ein wesentlicher ökumenischer Beitrag des Katechismus. Er zeigt zugleich, daß man die ökumenische Dimension des Buches nicht zulänglich herausfinden kann, wenn man ihn nur nach Zitaten ökumenischer Dokumente absucht oder anhand des Registers geläufige Stichworte testet, sondern nur dann, wenn man ihn in seiner Ganzheit liest und so sieht, wie die Suche nach dem Einenden ihn in seiner Ganzheit prägt.

Die inhaltliche Moral behandelt der Katechismus anhand des Dekalogs: Der Katechismus deutet den Dekalog – wie es von der Bibel her recht ist – dialogisch, das heißt im Kontext des Bundes. Mit Origenes betont er, daß das erste Wort des Dekalogs Freiheit ist – Freiheit, die durch die Führung Gottes Ereignis wird: „Ich bin der Herr, dein Gott, der dich aus Ägypten geführt hat, aus dem Sklavenhaus" (Nr. 2061). So erscheint sittliches Handeln als „Antwort auf das liebende Handeln des Herrn" (Nr. 2062); mit Irenäus wird der Dekalog als Führung zur Freundschaft mit Gott und zur Eintracht mit dem Nächsten ausgelegt (Nr. 2063). Wenn so einerseits der Dekalog ganz im Kontext des Bundes und der Heilsgeschichte, als Geschehen von Wort und Antwort gesehen wird, so erscheint er doch zugleich als rationale Ethik, als Erinnerung an das, was eigentlich die Vernunft zu sehen vermag. Wieder wird Irenäus zitiert: „Von Anfang an hatte Gott die natürlichen Gebote in die Herzen der Menschen gepflanzt. Er begnügte sich zunächst damit, an sie zu erinnern. Das war der Dekalog" (haer. 4,15,1; Nr. 2070). Dies ist ein wichtiger Zug in der Ethik des Katechismus: Er appelliert an die Vernunft und ihre Einsichtsfähigkeit. Die vom Dekalog her entwickelte Moral ist rationale Moral, die freilich von der Unterstützung der Vernunft lebt, die Gott uns schenkt, indem er uns mit seinem Wort an das erinnert, was zutiefst in unser aller Seele eingeschrieben ist.

Verwundern mag vielleicht die verhältnismäßig geringe Rolle, die die Christologie in der Konstruktion der Ethik des Katechismus spielt. In den moraltheologischen Lehrbüchern der Vorkonzilszeit war weithin die Orientierung am naturrechtlichen Denken vorherrschend gewesen. Die Erneuerungsbewegung der Zwischenkriegszeit hatte demgegenüber nachdrücklich auf eine eigentlich theologische Fassung der Moral gedrängt und als deren Konstruktionsprinzip die Nachfolge Christi oder auch einfach die Liebe als umfassenden Ort alles moralischen Handelns vorgeschlagen. Die Konzilskonstitution über die Kirche in der Welt von heute *(Gaudium et spes)* hatte diese Abwendung vom bloß naturrechtlichen Denken unterstützt und die Christologie, besonders das Pascha-Geheimnis als Mitte christlicher Moral herausgestellt. Es sollte endlich eine wahrhaft biblische Moral entwickelt werden – das war der Imperativ, den man dem Konzil entnahm, auch wenn die erwähnte Konstitution bei den einzelnen Themen dann doch weitgehend rationale Argumentationsformen verwendet und sich nicht auf eine reine Offenbarungsmoral festlegen wollte – schon deshalb nicht, weil es ja gerade um einen Dialog mit der modernen nichtchristlichen Welt über die alle angehenden wesentlichen Werte ging. Wenn man die Grundlinie des Konzils dennoch als eine Zuwendung zu einer wesentlich biblisch, christozentrisch ausgelegten Moral bezeichnen darf, so hat sich in der Nachkonzilszeit sehr bald ein radikaler Umschlag vollzogen: Die Bibel könne überhaupt keine „kategoriale" Moral vermitteln; die Inhalte der Moral müßten immer rein rational ermittelt werden. Die Bedeutung der Bibel liege auf der Ebene der Motivation, nicht der Inhalte. So verschwand inhaltlich die Bibel und mit ihr die Christologie noch weit mehr, als es ehedem der Fall gewesen war, aus der Moraltheologie. Der Unterschied zur Vorkonzilszeit bestand darin, daß man nun allerdings auch auf die Idee des Naturrechts und des natürlichen Sittengesetzes verzichtete, die immerhin den Schöpfungsglauben als Basis der Moraltheologie festgehalten hatte. Stattdessen wandte man sich einer kalkulatorischen Moral zu, die letzten Endes nur die vermutbaren Wirkungen des Handelns zum Maßstab nehmen konnte und dabei das Prinzip der Güterabwägung auf die Gesamtheit des sittlichen Handelns ausdehnte. In dieser schwierigen Situation hat die Enzyklika *Veritatis splendor* grundlegende Klärungen über das unverzichtbare Proprium christlicher Moral wie über das rechte Zueinander von Glaube und Vernunft in der Erarbeitung der ethischen Normen gebracht. Der Katechismus hat – ohne Systemanspruch – diese Entscheidungen vorbereitet. Das christologische Prinzip ist sowohl vom Glücksthema her (Seligpreisungen) wie von der Anthropologie her, vom Thema Gesetz und Gnade her und gerade auch im Dekalog präsent, insofern der Bundesgedanke die letzte Konkretwerdung des Bundes in der Person des menschgewordenen Wortes und seiner neuen Auslegung des Dekalogs beinhaltet. Aber der Katechismus wollte daraus kein geschlossenes System formen. Bei der Suche nach einer christologisch geprägten Ethik ist ja immer auch gegenwärtig zu halten, daß Christus der menschgewordene Logos ist, daß er also gerade unsere Vernunft zu sich selbst erwecken will. Der ursprüngliche Dienst des Dekalogs – uns an das Tiefste unserer Vernunft zu erinnern – ist durch die Begegnung mit Christus nicht abgetan, sondern erst zu seiner vollen Reife geführt. Eine Ethik, die im Hören auf die Offenbarung doch auch wahrhaft rational sein will, antwortet eben so auf die Begegnung mit Christus, die uns der Neue Bund schenkt.

Wer im Katechismus ein neues theologisches System sucht oder überraschende neue Hypothesen, wird enttäuscht sein. Diese Art von Aktualität ist nicht Sache des Katechismus. Er bietet eine aus der Heiligen Schrift und dem ganzen Reichtum der Überlieferung in ihren vielfältigen Gestalten geschöpfte, vom II. Vatikanischen Konzil her inspirierte organische Sicht der Ganzheit des katholischen Glaubens, der gerade als Ganzheit schön ist –

mit einer Schönheit, in der der Glanz der Wahrheit auf-
leuchtet. Die Aktualität des Katechismus ist die Aktualität
der neu gesagten und neu gedachten Wahrheit. Diese
Aktualität wird das Murren seiner Kritiker um ein Vielfa-
ches überleben.

Veröffentlichungshinweise

„Wer mich gesehen hat, hat den Vater gesehen" (Joh 14,9). Das Antlitz Christi in der Heiligen Schrift

„Chi ha visto me ha visto il Padre" (Gv 14,9). Il Volto di Cristo nella Sacra Scrittura, in: Il Volto dei Volti Cristo. Hg. vom Istituto Internazionale di ricerca sul Volto di Cristo (Gorle 2001) 11–18.

Verwundet vom Pfeil des Schönen. Das Kreuz und die neue „Ästhetik" des Glaubens

La corrispondenza del cuore nell'incontro con la Bellezza, in: 30 Giorni (9/2002) 84–89, auch in der ***deutschen, englischen, französischen, portugiesischen, spanischen*** Ausgabe von 30 Giorni; ferner in: Tracce – Litterae communionis – Speciale Meeting 2002 (settembre 2002) 34–36, auch in der ***deutschen, englischen, französischen, spanischen*** Ausgabe von Litterae communionis;
englisch in: OR (E) (6. 11. 2002) 6–7;
spanisch in: Humanitas 29 (2003) 9–14.

Kommunikation und Kultur. Neue Wege der Evangelisierung im dritten Jahrtausend

Comunicazione e cultura: Nuovi percorsi per l'Evangelizzazione nel terzo Millennio. Intervento al Convegno della CEI „Parabole mediatiche", in: Il Nuovo Areopago (3-4/2002) 33–40; auch in: Nuova Umanità (2003/1) 45–53; in: Parabole Mediatiche. Fare cultura nel tempo della comunicazione. Hg. vom Ufficio Nazionale per le Comunicazione Sociali e Servizio Nazionale per il progetto culturale (Bologna 2003) 175–182.

Christus – Erlöser aller Menschen. Die Einzigkeit und Universalität Christi und seiner Kirche

Die Einzigkeit und Heilsuniversalität Jesu Christi und der Kirche, in: Die Tagespost (1.3.2003) 17–19.

Auf Christus schauen. Die Gestalt Christi im Spiegel der Versuchungsgeschichte

Guardare Cristo, in: C. Ruini (u.a.), Dialoghi in Cattedrale (Milano 1997) 89–111;
deutsch in: Diakon Anianus Nr. 26 (11/1997) 6–15; auch in: Stets war es der Hund, der starb. Hg. von M. Müller (Aachen 1998) 375–393;
spanisch in: Humanitas 18 (2000) 202–220.

Das tägliche Brot und das eucharistische Brot. Eine Meditation zu Fronleichnam

bisher unveröffentlicht.

Eucharistie – Communio – Solidarität: Christus gegenwärtig und wirksam im Sakrament

The Great Mystery, in: Inside the Vatican (August-September 2002) 10–17;
italienisch in: OR (19.6.2002) 6 und 8; ferner in: Communio 31 (2002) 131–146.

Universalität und Katholizität

Universalité et catholicité, in: Christianisme et humanisme en Afrique. Mélanges en hommage au cardinal Bernardin Gantin. Hg. von der Association des Théologiens du Bénin (Paris 2003) 157–164.

Steht der Katechismus der Katholischen Kirche auf der Höhe der Zeit? Überlegungen zehn Jahre nach seiner Veröffentlichung

Lehrmäßige Aktualität des „Katechismus der Katholischen Kirche" zehn Jahre nach seiner Veröffentlichung, in: OR (D) (15. 11. 2002) 9–11;
italienisch in: Congregatio pro Clericis (Hg.), Sacrum Ministerium (Annus VIII, 1/2002) 77–95.

Joseph Cardinal Ratzinger

Gott ist uns nah

„ Von alledem her sollten wir versuchen, eine neue Ehrfurcht vor dem eucharistischen Geheimnis zu finden. Darin geschieht Größeres, als wir machen können. Seine Größe hängt nicht von unserer Gestaltung ab, sondern all unser Gestalten kann immer nur ein Dienen sein an dem Großen, das uns vorausgeht und das wir nicht schaffen. "
„Die Quelle und der Höhepunkt des ganzen christlichen Lebens", wie das Zweite Vatikanische Konzil das eucharistische Opfer nennt, steht im Mittelpunkt dieses Buches von Joseph Ratzinger. Der Präfekt der römischen Glaubenskongregation, der international als einer der größten christlichen Gelehrten seit Thomas von Aquin gilt, führt in bisher unveröffentlichten Beiträgen aus seiner Zeit als Erzbischof von München und Freising sowie neuesten Texten den Leser in die Mitte des christlichen Glaubens und seines zentralen Geheimnisses.

ISBN 3-929246-69-4
Geb., 160 Seiten

SANKT ULRICH VERLAG

Joseph Kardinal Ratzinger

Gott ist uns nah

Eucharistie: Mitte des Lebens

Joseph Cardinal Ratzinger

Weggemeinschaft des Glaubens

Seit 1981 ist Joseph Cardinal Ratzinger als Präfekt der römischen Glaubenskongregation an der Seite von Papst Johannes Paul II. verantwortlich für die Bewahrung und authentische Interpretation des katholischen Glaubens von einer Milliarde Katholiken weltweit. Der 1927 geborene Konzilstheologe und Professor für Fundamentaltheologie und Dogmatik zählt mit José Ortega y Gasset, Ernst Jünger, Maurice Blondel, Max Weber, Romano Guardini und Hans Urs von Balthasar zu den richtungsweisenden Denkern der Gegenwart. Der Weltkatechismus der katholischen Kirche trägt ebenso seine Handschrift wie das wegweisende Dokument „Dominus Jesus", das eine Standortbestimmung des Katholischen im Dialog mit anderen Religionen markiert. Aus Anlaß des 75. Geburtstages von Kardinal Ratzinger hat der Schülerkreis in der vorliegenden Festgabe neuere Beiträge des Kardinals zusammengestellt, die tiefe Einblicke in den theologischen Kosmos dieses außergewöhnlichen Kirchenmannes erlauben.

ISBN 3-929246-80-5
Geb., 328 Seiten

Peter Christoph Düren (Hrsg.)

Johannes Paul II.
Worte für das 3. Jahrtausend

Wie kein Papst vor ihm hat Johannes Paul II. in einem 25 Jahre langen Pontifikat die Kirche geprägt, die Menschen bewegt und durch sein Wort verläßliche Orientierung gegeben. Seine Missionsreisen in fast alle Länder der Erde, sein erfolgreicher Kampf gegen den Kommunismus und sein Ruf nach einer Neuevangelisierung Europas haben Johannes Paul II. zum Propheten eines christlichen Neubeginns gemacht. Sein „Fürchtet Euch nicht!" ist in eine Welt gesprochen, die im rasanten geschichtlichen Wandel jeden moralischen und verstandesmäßigen Halt verloren zu haben scheint. Seine Enzykliken, Apostolischen Schreiben, Ansprachen und Predigten umfassen insgesamt über 70 000 Druckseiten. Der Theologe Peter Christoph Düren erschließt in diesem einzigartigen Lexikon päpstlicher Schlüsselaussagen mit mehr als 300 alphabetisch geordneten Stichworten die zentrale Botschaft des Papstes für Kirche und Welt an der Schwelle zum 3. christlichen Jahrtausend.

ISBN 3-929246-55-4
Geb., 480 Seiten

SANKT ULRICH VERLAG